U0716847

第三帝国

杀人机器

美国时代生活编辑部 / 编

张显奎 / 译

修订本

海南出版社
·海口·

目　录

附　文

致读者

首先应当承认，本书的策划并非出自我本人的想法。

事实上，当一小批时代生活图书公司的编辑和作者开始极力主张推出这样一个系列的时候，我的第一反应是："有关第三帝国的话题难道还能有什么新意吗？"

可是，当前往柏林、华盛顿和莫斯科的采访人员逐步发回他们的稿件——私人珍藏的回忆录和相册堆满了我的办公桌——目击者的记录和官方秘藏的文件被一一发掘出来之后，我觉得我的疑问已经找到了最好的答案。

我们正在接近一项重大的成果：对纳粹统治下的德国的一个全新的认识——从第三帝国的内部来解剖它。

本系列共有 21 本。每一本都向您展示了第一手的私人记录、从未发表过的照片、亲历者的回忆录和新解密的官方档案。它们恰如一幅徐徐展开的巨型画卷，将您带回那腥风血雨的黑暗时代，让您仿佛置身于喧嚣狂热的柏林、遍地瓦砾的华沙、燃烧的斯大林格勒、沙尘滚滚的北非，恍如走进了令人不寒而栗的集中营、党卫队的秘密会议室、希特勒的办公室、他的书房和卧室，甚至把握到他的思想动态。每一本都有一个中心主题，整个系列连起来则构成了迄今为止最完整、最细致的"第三帝国史"。

这就是我们所做的工作，让真实的历史说话。

时代生活编辑部主编乔·沃尔

风暴前的天真

1933 年 4 月希特勒上台后不久的汉诺威，商场购物者们与巡逻的"冲锋队"队员保持很宽的安全距离。这张照片的拍摄者回忆说："在希特勒上台前，穿着褐色制服的纳粹分子是不敢来到我们住的街区的。"

1930 年，德国威斯特伐利亚，天真的吉卜赛儿童正在大篷车旁玩着跳绳游戏。早在 1919 年，德国便通过了限制吉卜赛人活动的法案，1941 年，警察部门负责执行这一法案。

7

1932 年，弗兰克·豪斯与他的犹太小伙伴一起在他家的院中玩耍。1942 年 7 月 20 日，弗兰克·豪斯被运往明斯克，在那里被党卫队杀害。

1938 年，几个结束了塔木德学习的学生走在穆卡乔夫的大街上。1944 年春，此地区的 20 万犹太人被运往奥斯维辛集中营，之后惨遭杀害。

1. "最后解决"的形成

1942 年 1 月 20 日，在柏林市郊风景如画的万塞湖畔的一幢豪华别墅里，15 个人聚在一起，举行一场盛大的午宴。他们虽不是第三帝国的最高官员，却也都是些政府的头面人物，掌管着纳粹德国的日常事务。他们分别是：外交部副部长、检察院和内务部的秘书长、东部新占区代表和警察局的要员们。他们大都受过良好的教育，有较高的素养，根本就不同于早期冲锋队的那些街头暴徒，也不同于现在的冲锋队员。会议主席莱因哈德·海德里希甚至还是一个出色的小提琴演奏家。就他们的学识来说，至少有 7 个人称得上"博学多识"。

海德里希这个党卫队保安处的头目，把会议定在中午。他告诉与会者，早在 6 个月以前，他就奉赫尔曼·戈林之命，拟定了一个"最后解决犹太人问题的办法"，此次会议的目的就是让有关部门协调努力，共同完成这项使命。

海德里希用表格的形式，对居住在欧洲的 1100 万犹太人进行评估，高效、直观地逐个国家进行分配。根据他的犹太事务专家阿道夫·艾克曼所保存的会议记录，海德里希声称：必须把这些犹太人送往东部的集中营"作

1938 年 11 月 9 日，纳粹冲锋队走上街头，对犹太人施以暴行，到处是火光和打碎玻璃的声音，图中，救火人员疲于奔命，四处救火。此夜后被称为"水晶之夜"。

13

为劳动力使用"。因此，他说："毫无疑问，许多人在这样的劳动中肯定会受到自然淘汰。"至于幸存者，"那些最为顽强的部分人"，他们"必须受到恰当处理"，他补充说。

海德里希又简洁地陈述了他处理犹太人的构想。话音刚落，与会者纷纷发表自己的见解。外交部副部长马丁·路德提出向欧洲其他几个地区逐放犹太人的计划。波兰德占区的副领导人约瑟夫·贝勒，极力主张优先处置居住在当地的大约250万犹太人，因为"运输不成问题"。党卫队保安处种族和居住办公室主任奥拓·霍夫曼参与讨论了复杂的法律问题——怎样对待犹太人和非犹太人通婚，以及如何处理"劣等民族"，即父母或祖父母有一方是犹太人的混血德国人。

后来，就在侍者端着鸡尾酒穿梭往来时，与会者分成几个小组，讨论被称作"各种可行性解决方案"的会议记录。负责记录的艾克曼，根本无法记录下所有的可行方案。他的会议记录通篇充斥着诸如"自然选择"、"最后解决"之类的彼此心照不宣的官僚、累赘的委婉说法。而事实上，正如19年后艾克曼在战犯法庭受审时所承认的那样，与会者"用一种赤裸裸的方式"讲话——"他们谈论这个问题时，毫不掩饰。"他供认，万塞会议完全是在谋划"屠杀、肃清和消灭"。

其实屠杀早已开始。在这次会议前，已有100多万犹太人、斯拉夫人和其他种族人遭枪杀、被毒气熏或

这是1819年的一幅木版画，画中法兰克福的居民对两个犹太男人进行攻击。希特勒上台后，对犹太人的迫害达到了极点。

因过度劳累、饥饿、疾病而致死。但是这些屠杀大都是地方性的，尤其是东部前线。万塞会议预示着一个旨在灭绝犹太人的系统的、全面的、史无前例的计划的开始。

午宴后，大多数与会者陆续离去，海德里希顿感轻松，毫无怜悯地谈论了诸如铁道车辆和列车时刻表之类的细节后，给纳粹的屠杀运动注入了新的活力，他坐在别墅的壁炉前，和两个部下喝酒。能与海德里希和盖世太保头目海因里希·穆勒交往，艾克曼感到十分荣幸。他回忆起当时的情景时，一切仿佛历历在目："我们放声歌唱。我们甚至站到椅子上、跳到桌子上，举杯庆贺，一遍又一遍，这是北方的一种习俗，都是海德里希教我们的。"然后，他们静静地坐下来，艾克曼补充说，"这不仅仅是清谈，而是长时间紧张劳累之后的放松。"

德国政府"最后解决"的狂热，煽起了灭绝犹太人的烈焰，那就是众所周知的，对犹太人灭绝人性的大屠杀。在大屠杀中，有500万～600万犹太人丧生，约占战前欧洲犹太人总数的60%。从规模和组织的严密性来说，此次大屠杀都是史无前例的。不过犹太人并不是纳粹德国发明的骇人听闻的死亡机器的唯一牺牲品。据称：在二战中，还有1000多万其他种族的人落入纳粹的魔掌中。事实上，被纳粹用同样手法残杀的(虐待致死、毒气熏死和行刑队杀死）非犹太人总数高达1300万这些数字包括几十万吉卜赛人、耶和华见证人、马克思主义者、同性恋和其他因宗教、种族或政治原因而致死的。其中，包括了常常被遗忘的600万波兰人和几百万的苏联斯拉夫人。此外，还包括在苏军中服役时，被德军俘虏而投进监狱的超过300万斯拉夫人，但他们被证实在被捕后不久就被残害。

在远离战区的地方发生如此大规模的屠杀，很大程度上是由于根植在纳粹心灵深处的种族主义。德国种族优越的信念，使得希特勒指示灭绝那些他认为应该根除的人 ——首先是犹太人。这也促使他把帝国向东扩展，为他的优等民族拓展"生存空间"。这一切都是以灭绝在他征服之路上的那些人作为代价。

其实，对犹太人的如此大规模的迫害，早就开始了。

早在几个世纪以前,基督教就想把犹太人变成它的信徒。失败后,他们就人为地给犹太人设置了社会的和法律的种种障碍。如禁止通婚、歧视犹太教徒,特别是中世纪把犹太人隔离在犹太区、强迫他们迁移,一个又一个谋杀或集体屠杀。

宗教具有强烈的排他性,就连德国神学家马丁·路德这样杰出的人物也恶语中伤犹太人。他痛骂犹太人是"所有的基督教国家的败类、瘟疫,纯粹是国家的不幸"。认为他们是"饥渴的疯狗和杀人犯"。他话语之恶毒,以至于4个世纪之后还让希特勒兴奋不已。他对犹太人所采取的措施后来也被德国人采用。这就预示着:烧毁他们的家园和教堂,然后驱逐出境。路德所指的宗教问题显然是指种族问题。到19世纪,一些欧洲学者不仅仅指责犹太人的宗教信仰和宗教活动,而且也指责他们的生物学特性。据说,犹太人是一个独特的民族,其行为是无数遗传特性的结果。基于这种种族理论,纳粹德国的走狗文人们进一步认为:犹太人是劣等民族,德国人是优等种族。这更助长了国家主义的日益升温。为了给他们的民族理论找出一个理论依据,他们煞费苦心,最后求助于语言学——用于他们自己的"Aryan"(雅利安人)这个词,最初来自印欧语系;"Semitic"(闪米特)这个词则来自包括希伯来语和阿拉伯语在内的语系。

在那些现在被称作反犹文人中,最臭名昭著的要数休斯顿·斯图尔特·张伯伦，一个古怪的德国混血儿。他的父亲是一个英国海军上将，母亲是一个德国人。在与德高望重的作曲家里查德·瓦格纳之女结婚之后，迅速获得了德国人的信任。他的长达 1200 页的作品——《19 世纪的根据》，借用了那时流行的狂热的颅相学（一种通过测量人的头盖骨的长度来判定种族的方法）。根据这个理论，他认为他可以区分一个劣等的犹太人和代表聪明和智慧的上等的雅利安人（即条顿人）。1899 年，此书一经发表，即成为当时最畅销的书。德皇威廉姆二世本人也给予高度赞扬："使我们茅塞顿开，在漫漫长夜中见到了黎明的曙光，疑虑顿消。"

反犹主义的种族特征随后更进一步陷入了德国国家主义者的"人民"的神秘之中。"volk"这个词的意思是"人民"。但是在 18 世纪末期，德国哲学家约翰·冯·赫尔德所下的定义中，它只是一个形而上学的纯粹哲学的含义。赫尔德把"人民"看作是永恒的价值体系，是一种建立在农业生活方式之上的情绪化、非理性的、亘古不变的精神理念。纳粹保守的人民思想（一种模糊的血统观和土地观，是对城市化和人民民主思想的消极反应）与雅利安人的理想不谋而合。犹太人代表了所有德国人灵魂深处所排斥的东西——自由主义、城市主义和现代主义。纳粹种族主义的泛滥，注定犹太人永远不可能成为德国人。早在罗马时代，他们的先辈们第一次踏上德国土地，但直到 1871 年宪法才赋予他们

1923 年 11 月，德国的通货膨胀空前高涨，有人公开宣扬反犹言论："犹太人拥有黄金与硬通货，他们再一次胜利了，天主教徒们只剩下无用的纸钞。"一战之后，犹太人成了"一切罪恶"的罪魁祸首。

完全的法律上的平等权利。为此，一个来自普鲁士下院的犹太人高兴地说："终于，历经数年徒劳而漫长的等待，我们终于停泊在一个安全的港湾。"对于成千上万的犹太人来说，终于迎来了 20 世纪的曙光，逃离了东欧的大屠杀，德国仿佛成了真正的天堂。在所有欧洲犹太人中，德国犹太人被同化得最多。

在商业、科学领域和其他现在首次对他们开放的行业中，他们很快就脱颖而出。继 1914 年德国挑起的一战之后，全国 54 万犹太人，近 15% 的人都自豪地与其他人种并肩战斗，保卫德皇及其帝国。战争失败后，德国成为犹太人安全港湾的理想也随之破灭。更具讽刺意味的是，这个被削弱的国度，混乱与残酷并存，继而土崩瓦解。

20 世纪 20 年代，希特勒（这个自诩是德国犹太人被接纳之梦的毁灭者）的地位越来越显赫。他于 1889 年出生在维也纳，当时种族仇恨的怒火正在燃烧着、蔓延着，他的祖国奥地利和德国正处在激进的政治边缘。连初出茅庐的希特勒都明显地意识到：应当通过定罪而反犹太人。1922 年希特勒曾告诉一位德国记者，他所读过的书籍教他去寻找一个"可以控制和引导大众憎恨的众矢之的"。

犹太人——那个古老种族又成了焦点，成了国家社会民主党党纲的靶心。希特勒和他的纳粹分子们把 20 世纪 20 年代德国冲突而带来的每个不幸都归罪于犹太人：战争的失败、《凡尔赛条约》的严厉条款、魏玛政府问题、政治腐败、无产者的政治要求、失控的通货膨胀、经济萧条，甚至现代艺术。"怒火，熊熊燃烧的怒火，"1921 年，希特勒写道，"这就是我们想在千百万德国同胞心灵中点燃的，直至在德国燃烧，向我们国家蛀虫们复仇。"

德国种族思想的另一个方面——寻求"生存空间"——也是纳粹主义和后来大规模屠杀的基础。在 19 世纪末期，德国一位政治地理学家弗里德希·拉采尔引入了"生存空间"的概念。他坚信：生存空间是一个国家最重要的需求。到 1927 年，当希特勒在《我的奋斗》一书中声称德国对生存空间的需求时，这种思想早已潜伏在纳粹之中。既然优等民族注定要在地球上

1933 年 4 月 1 日，柏林，一名冲锋队队员站在一个犹太商店门外，阻挡每一个进去买东西的人。并且冲锋队张贴英文标语暗示犹太人声称的迫害是虚假的，为了让那些批评德国对犹太人不公平待遇的外国人闭嘴。

生活得更好，希特勒便声称：德国人有理由不惜一切代价，向东扩张，直到苏联的乌拉尔山。那些阻挡我们前进的——2000多万斯拉夫人和几百万的犹太人——就是劣等民族。"斯拉夫人天生就是奴隶。"希特勒写道。他把他们当作劣等人或下等人。为了给纯种的雅利安人让出空间，他指出：把1/3的斯拉夫人驱逐到东部的亚洲，另外1/3应沦为奴隶，余下的统统杀掉。

虽然扩展生存空间的愿望必须等到占领东部地区的战争之后才能实现，但是纳粹对犹太人的迫害早在希特勒1933年一上台就已开始了。第三帝国建立之初，50多万的犹太人生活在德国，占德国总人口的近1%，希特勒以官方的名义发动了一场旨在孤立犹太人、采用经济压迫和立法手段使他们成为人民公敌的暴力运动。1933年1月30日是人类历史上不幸的日子。那天，希特勒登上了总理的宝座，给许许多多的犹太人留下以难以抹去的阴影。据一位大屠杀中的幸存者莱斯利·弗兰克尔回忆，当时他才10岁，住在华沙附近的一个村子。那天下午，他正在滑冰。"当我回家，"他回忆说，"我们听说希特勒当了总理，大家都摇头。就连我们十多岁的小孩也直摇头。"

纳粹早期的暴力工具主要是冲锋队——身着黄褐衬衫的地痞流氓。自1921年成立以来，他们参与了几次反犹太人和镇压那些诸如社会党人、共产党人的纳粹政治对手的暴力行动。仅在1931年，他们就捣毁了

冲锋队想尽一切办法羞辱犹太人，图中一名犹太律师打着标语游街，标语上写着："我污辱了一名天主教女孩。"

50多个犹太区，拆除了100多个犹太坟墓。如今，他们已经发展成为一支拥有40多万人的由希特勒直接控制的私人军队。冲锋队逐渐发展成为当地的特遣队，到处都充斥着殴打、谋杀、焚烧、侮辱，如烧毁犹太店铺；用武力强迫犹太人当众脱光衣服。以至于希特勒本人也不得不警觉起来。这些间接的暴行，给那些传统的实力派们的安全构成了很大的威胁。比如工业企业家和军队的将军们，而希特勒在寻求绝对权威时需要的恰恰是这些人。

为了给冲锋队的破坏力推波助澜，也为了尽可能施加经济压力，希特勒采用了褐衫队已在小范围内用过的武器：坚决抵制犹太人所拥有的行业。希特勒认为纳粹应该在全国范围内发动一场这样的抵制运动。他任命了一个由尤利乌斯·施特莱彻领导的 14 位党魁组成的委员会。施特莱彻是早期纳粹组织中最臭名昭著的一个。他是弗郎克里尔的纳粹党的领袖和《冲锋队员》杂志的出版商，而这种周刊则专靠刊载关于犹太人的性罪行赚钱。1933 年的抵制运动由冲锋队执行。他们全副武装，列队站在每个犹太人经营的商店、办公室和零售业店铺门前。那些店铺的门和窗都漆上了六芒星，并且刷上了警告顾客自动远离的告示牌。

抵制虽然令人恐慌，但是收效甚微。施特莱彻等始作俑者则选择了一个星期六，当时为庆祝犹太人的安息日，许多商店关着门。许多德国人根本不理这些穿褐色衬衫的冲锋队员，继续到他们喜欢的商店买东西。来自国际社会的压力和英美对德国商品的抵制，也迫使希特勒把这种抵制运动缩减为仅一天的时间。但还是有许多犹太人大为震惊。"那些有教养的德国人，"正如犹太复国运动领袖贝勒·科恩后来所说，"竟然干出如此恶劣的事！"

4 月 7 日，就在这次抵制运动后不到一周，希特勒发布了一道针对犹太人的法令，禁止几乎所有的非雅利安人后代从事文职工作和法律实践活动。随后，他又颁布了另一条法令，禁止非雅利安医生从事健康服务工作，限制高级中学和大学中的犹太人数量。9 月 29 日，他又禁止犹太人从事农业生产。不过，这只对极少数犹太

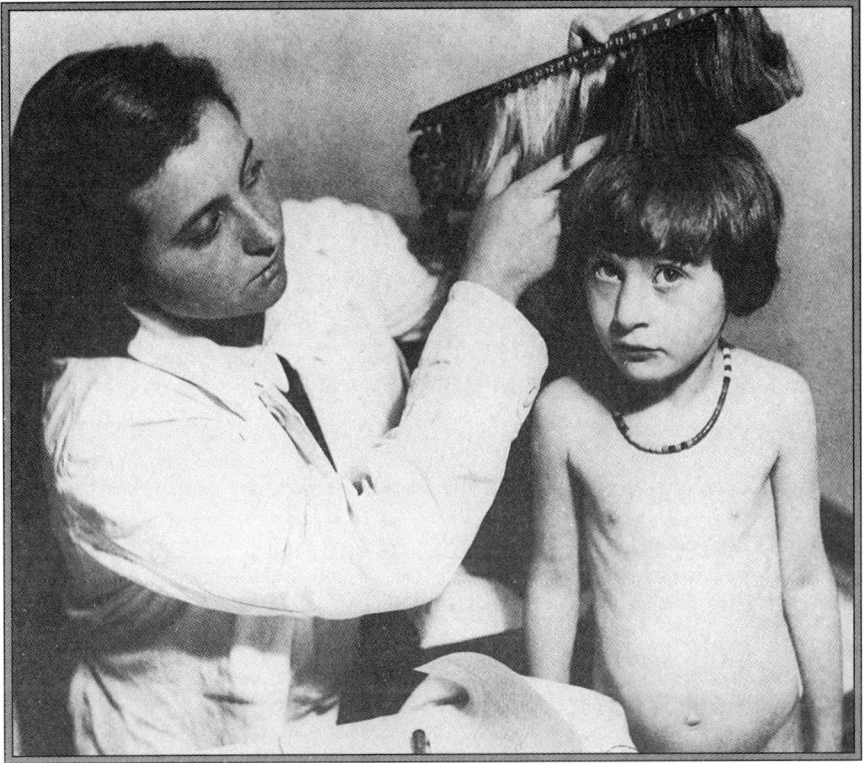

柏林，"帝国种族卫生与群体生物学研究室"的一名技术员正在对比一名女孩的头发。纳粹的"种族纯净"理论使许多种族鉴定机构的工作忙碌起来。

人有影响。就在同一天，帝国文化协会成立，它剥夺了成千上万犹太人的工作。该法律强行在电影、戏剧、音乐等高雅艺术和新闻等领域建立行业协会。这些协会都在宣传部长约瑟夫·戈培尔的控制之下，禁止犹太人加入，从而剥夺了他们的工作。一项新的征兵法禁止犹太人在军队服役，同样达到了正式排除犹太人参与公共活动的目的。

1933年到1939年间制定的反犹法案多达400多项。1935年，法律上对犹太人的迫害登峰造极。9月15日，在希特勒授意下，任人摆布的国会在纽伦堡举行的纳粹党的年度会议上，通过一系列新法案，后来被称作"纽伦堡法案"。该法案从政治、法律、社会生活等各个方面，完全孤立了犹太人。其中一项法律限制"日耳曼或同类血统"者的公民权，终于剥夺了犹太人作为德国公民拥有的那份少得可怜的政治权利。另一项后来被称作"保护德国血统和德国荣誉"的法令，规定禁止与犹太人通婚和私下性行为，禁止德国家庭雇用 45 岁以下犹太人做佣人。

在纽伦堡通过的新法案，并没有给那些被第三帝国野蛮隔离的犹太人一个准确的定义。定义的问题一直困扰着纳粹种族主义者。令他们进退两难的是，党所属的研究所，没有一个致力于犹太事务的研究，哪怕是曾经成功地发现过犹太人的血型、生理特征和其他种族特性的研究所。结果，纳粹对犹太人的定义只好求助于古老的标准——宗教。据以前的法律，只要祖父母一方信仰犹太教，就可以认定为犹太人，不管他本人的信仰如何。

然而，为了加强纽伦堡法律的威慑力，希特勒想彻底地解决这个问题。他指示内务部的种族专家起草法律，划定应该受到惩处的人。其中一个名叫贝纳德·罗森内尔的专家，是前民俗管理委员会的负责人。1933年他奉命担任纳粹种族专家。但是他暗自愤愤不平，很长时间都在玩一种危险的游戏。表面上，他尽量显得像一个忠诚的纳粹，暗地里却尽力帮助犹太人。他希望减少纽伦堡法案的影响，所以竭力限制实用该法的人数。比如，他在起草法案时大胆地加进了这样一条："此法律仅适用于纯犹太人"。但最后，还是被希特勒删掉了。

在"纽伦堡法案"通过之后的一段时间里，为了拟定出犹太人的最后定义，经过了几乎8周的激烈争论。罗森内尔和他的同僚们每周要在内务部与党的官员们天天碰面。这些由吉哈德·瓦格纳（一个恶毒的反犹医生）领导的纳粹官员们甚至想把仅有1/8犹太血统的人也定为犹太人。但罗森内尔认为那样的人实际上7/8血统是德国人。他争辩说，半犹太人同时也是半个德国人。

罗森内尔在与独裁官僚的内部斗争中虽然获得了惊人的成功，但是1935年11月14日发布的、作为纽伦堡法案补充条款的第一条宣告他的首战失败：任何一个人，如果其祖父母中有3个是犹太人，便被定为犹太人。而其他的定义还是遵循了罗森内尔的逻辑：一个人，如果其祖父母任意两个是犹太人，本人又信犹太教或与犹太人通婚，就被定为犹太人；而半犹太人或1/4犹太人——其祖父母中只有一个是犹太人的犹太后裔——又没加入犹太教，根据条款，他们被划分为一个新的非雅利安人种——混血种。

结果，罗森内尔别出心裁地创建了一个既非德国人又非犹太人的第三种族。据纳粹官方统计，30多万的半犹太人或 1/4 犹太人被划归为混血种，而免受纽伦堡法案的波及。虽然逃脱了最严厉的直接限制犹太人的条款，但是他们又不得不担负起压在他们"种族"之上的日益增加的重负。因为这些与纽伦堡法案相联系的复杂的种族定义，使得如今出示家系证据比帝国以往任何时候都更重要。众所周知，家系研究（帮助雇主们制定必需的出生证明及其他法律文件以确定他们的种族的纯洁）随后发展成为一个繁荣的行业。

纳粹的种族仇恨主要集中在犹太人，同时也涉及德国的约两万名吉卜赛人。纳粹种族家们认为，吉卜赛人是一个分散的外来血统的劣等种族，就像犹太人一样，也被当作非雅利安人，失去了从事文职工作和参军的权利，并且遵守纽伦堡法案限制种族通婚的条款。后来，一项"反对吉卜赛人威胁"的法案规定，吉卜赛人必须到警察局登记，这是因为吉卜赛人有惯偷的"劣迹"。当局者也用模棱两可的法律条款，采用对待惯犯和反社会分子的方法来骚扰他们。成千上万的吉卜赛人被关进帝国迅速增加的集中营，与社会党人、共产党人、异教徒和同性恋者一起遭受残酷的虐待。

曾经一段时间，纳粹帝国故意淡化纽伦堡法案和其他反犹措施。希特勒想阻止可能会使帝国经济从大萧条的复苏中崩溃的行为；同时，他也是想取悦国际社会，以减少 1936 年奥运会从柏林转到别的地方的可能性。希特勒为争取奥运会在德国的召开和大量外国游客，有意延长了种族清洗前的相对平静时期。

迫害的暂缓，使得犹太人以为最黑暗的日子已经结束。许多人理智地认为，虽然作为二等公民，但至少纽伦堡法案已经稳定了他们在德国社会中的地位。更为显著的是，在纳粹统治的前 3 年逃到国外的 7.5 万名德国犹太人开始陆续返回家园。许多人真心地认为大多数德国人是同情他们的处境的。1937 年 8 月，犹太复国主义领袖阿瑟尔·鲁宾在他的日记中记录了他的一个同事的乐观态度：“我相信 80% 的德国人是反对迫害犹太人的，不过他们只是敢怒不敢言。”

无论这些评价的可信度如何，反对犹太人的运动却有增无减——德国基督教徒很少反对它，经济上的压力一直持续着。比如，1935 年政府的抵制已经奏效，禁止公共机关和它的雇主们去资助犹太人的公司。这种抵制也波及纳粹党人，甚至小小的违背有时也会招致严厉的惩罚。一个名叫库克·皮热勒的纳粹被开除党籍并禁止从事公证工作。他的妻子承认，在他不知晓的情况下，她在一个犹太人商店买了一张价值 10 芬尼的明信片。

另一重大举措要数没收犹太人拥有的企业了。1937 年下半年，没收犹太人财产的狂潮日渐升温。希特勒的经济独裁者赫尔曼·戈林（“四年计划”的执行者）加速了众所周知的雅利安化计划。它只不过是德国人掠夺犹太企业的委婉说法。

第二年，政府的一系列条款加速了掠夺。内务部拓宽了掠夺的范围。包括任何"主要由犹太人支配"的企业。这就囊括了那些董事会中只要有犹太成员或具有犹太法人代表的企业。所有财产超过 5000 马克的犹太人都必须到政府登记。雅利安化，至此终于从半自愿——至少还给犹太业主和新的买主一个讨价还价的空间——变为强迫性。另一些条款则武断地关闭了大量的犹太店铺、商场，甚至停止了医生的职业活动。这些措施对那些到 1938 年 4 月 1 日为止还由犹太人拥有的 39552 家企业以巨大的打击。第二年，仅有 20% 的企业逃脱了被吞并或雅利安化。

就在纳粹政府操控导致 1938 年犹太人的经济迅速毁灭时，纳粹的街头暴徒重新掀起了"传统的"、司空见惯的暴行。光天化日之下的暴行和人身安全的威胁与日俱增。最后，就在那个秋天，纳粹分子的仇恨和毁灭的欲望像山洪一样爆发了，但它却被冠以诗一样的名字——"水晶之夜"（或"碎玻璃之夜"—编注）。自从 19 世纪后期俄国大屠杀以来，这是最迅猛的一场反犹奴隶运动。"水晶之夜"是最近反犹怒火日益积累的结果。1938 年 3 月，抑制着本国反犹暴力蔓延的波兰政府曾威胁说，将赋予 7 万波兰犹太人公民权，而他们中的一些人已经在德国生活了几十年。

在 10 月上旬，希特勒害怕存在一个无政府团体，所以强迫在德国的波兰犹太人返回到自己的祖国。10

月 27 日，在政府的第一次大规模遣送的过程中，警察包围了波兰犹太人，把他们强行塞入铁路货车，又在波兰边境把他们赶下来。在波兰机枪的枪口下，1.7 万名犹太人跨过养育他们生活过的德国土地，却不想进入了一个不愿接收他们的祖国。两周以后，在 11 月 7 日，赫斯切尔·格林斯潘（他的父母极力反对这种残酷的侮辱）开始复仇。他冲进德国驻巴黎大使馆，两枪打死了三等秘书恩斯特·冯·拉特。两天后，这位身受重伤的外交官一命呜呼。

这位小小的外交官之死正好与每年一度的纳粹为庆祝 1923 年啤酒馆政变而举行的庆祝大会相巧合。纳粹的激进分子，包括冲锋队员（他们的权力已于 1934 年被希特勒削弱）抓住这次事件作为他们释放被压抑的怒火、反对犹太人的借口。暴力事件的主要煽动者——宣传部长约瑟夫·戈培尔，他尽力想在希特勒面前挽回他因与捷克电影演员林达·巴洛娃的性丑闻而失去的面子。他确信：国家控制的新闻机关夸大了因这位微不足道的外交官之死的愤怒。他的计划获得了希特勒的认可。

命令马上发出，11 月 9 日晚上，冲锋队员狂叫着冲上街头疯狂报复。到处都是褐衫队的身影。他们冲进犹太人教堂、家中，洗劫财物、砸毁商店、纵火焚烧。人们被玻璃的破碎声惊醒。暴民们纵火焚烧了近 200 个犹太人教堂。他们用斧头、大锤把东西砸碎，他们将祈祷者的书籍、卷宗和宝贵的历史、哲学资料扔进熊熊大

火之中，他们还把犹太人从窗台上扔下、开枪射击、用拳头和鞭杖抽打、用脚使劲踩……近100人被活活折磨致死。

　　野蛮的暴行使党卫队和警察头子海因里希·希姆莱始料不及，整个晚上他给盖世太保发布紧急命令，阻止大规模的洗劫——同时继续逮捕犹太人。大约3万人人（留在德国的每10人中有9人）被捕并被投进慕尼黑郊外的像达豪这样的集中营，它曾经用来恐吓政敌和

1938 年 10 月，在德国的波兰犹太人被逐出德国。图中，一些犹太人在不安中等待着。同月，纳粹在德国境内开展了驱逐波兰犹太人的运动。

关押被视为国家敌人的人。在"水晶之夜"随后的几周里，惨无人道的集中营生活又夺去了几百人的生命。

一些教士、牧师等人站出来大声抗议。"水晶之夜"后一周，在德国西南的伦宁根的一个小教区内，一位名叫朱利叶斯·冯·简的教长在教坛上揭露了大屠杀并要求纳粹忏悔时，被一个纳粹暴民把他从教堂拖出来，毒打、抄家，随后又被当局投进集中营。

痛苦的呻吟引起了纳粹最高层的注意。希姆莱反对低效失去控制的暴力，他把大屠杀归咎于戈培尔"对权力的渴求"。戈林对潜在的经济混乱表示担忧，他担心国外的冲击波导致这些国家联合抵制德国出口，他还关注犹太人的财产损失——据统计有2500万马克(25%以上是窗户玻璃)——因为德国保险公司的损害更甚于犹太人。"清除和烧毁犹太人财产是极其愚蠢的做法，"他强烈指出，"这足以让德国保险公司倾家荡产。"于是，以冯·拉特被暗杀为借口，决定处罚犹太人，扣除保险款外的10亿马克赔偿金——这样部分缓解了戈林的忧虑。

"水晶之夜"标志着第三帝国在犹太政策上的转折。纳粹激进分子为获得控制权已黔驴技穷，那些能有条不紊地处理犹太问题的残酷的刽子手却粉墨登场。"水晶之夜"之后不久，希特勒禁止戈培尔干涉犹太人事务而让戈林全权负责。戈林依次视察希姆莱高效的党卫队安全机构。在希姆莱的精心经营下，党卫队由起初的希特勒的保镖逐渐发展成为一支精锐的安全军队，像盖世太保宪警和半官方的安全机构——党卫队保安处。

1939 年 1 月 24 日，戈林委派希姆莱的副官莱因哈德·海德里希拟定"在目前情况下解决犹太人问题的最好方案"。彻底的解决就是强迫移民，犹太人从最大限度上被驱逐出德国的经济和生活的各个方面，现在是到了从帝国赶走他们的时候了。德国将变成纳粹奴役犹太人或者从根本上消灭犹太人的国家。

从 1934 年开始，党卫队已建议通过大量的移民来

1938 年 11 月 9 日，经过洗劫后的柏林，几名妇女聚在犹太商店门前谈论着。前一夜，犹太人经历了一场噩梦，宣传部长戈培尔声称："每一个正统的德国人都应记住这一夜。"

1938 年 11 月 10 日，党卫队押着犹太人游街，前排的犹太人拿着一个"大卫之盾"六芒星模型，他们口中念着："上帝，请不要放弃我们。"

解决所谓的犹太人问题。阿道夫·艾克曼，这个外表温文尔雅内心具有杀人机器般冷酷无情的纳粹官僚，是拟定移民方案的核心人物。艾克曼虽是莱茵兰人，却在奥地利的一个中产家庭里长大，他的父母是会计员和煤矿业主。他在技术中学学习时，对时事漠不关心，中途退了学，成为一家石油公司的推销员。1933 年希特勒上台后，艾克曼返回德国。第二年，他在党卫队保安处（海德里希新组建的情报部门）里谋到一个文员职位。他处事圆滑、对上司溜须拍马、阿谀奉承的伎俩很快就有了用武之地。

艾克曼也对犹太人问题产生了兴趣。当时他并不以反犹太人而出名，甚至他还有一个犹太人的情妇，但也许他因为在那个憎恨犹太人但又对犹太人知之甚少的纳粹组织中嗅到了发展的机会，于是他转到党卫队保安

35

处（该处与犹太事务二部112办公室有关）。他学习了一些浅显的印地语和希伯来语，很快便以专家自居。他后来声称，在他所有的成就中，最得意的莫过于发现曾经做过他的情妇兼营养师的仆人，有1/32的犹太血统，这个发现很快被他的上司列为高等机密。

凭借其聪明和勤奋，1937年艾克曼升任移民局局长。在那个时期，希姆莱认为解决犹太人问题的方法就是大量再定居，巴勒斯坦是吸纳犹太人的地方。英国人在1917年的《贝尔福宣言》中许诺：将在巴勒斯坦创建一个"犹太人的家园"。党卫队公开鼓励德国的犹太复国主义活动，其目的在于促进英国托管下的再定居。在20世纪30年代中期，每年都有8000多犹太人移居到那里。为了寻找增加移民数量的可行性，艾克曼先是在柏林与巴勒斯坦的犹太地下军事组织"哈格纳"的代表会晤，而后又专程来到巴勒斯坦。30多年后，艾克曼仍对犹太移民运动大为赞赏："令人绝望的生活意志，此后我更是一个理想主义者。"他补充道，"从那以后，我常对同我交往的犹太人说，如果我是犹太人，我一定是一个复国主义者。"

但是，对于艾克曼和其他纳粹狂热分子来说，移民到巴勒斯坦并非一剂灵丹妙药。许多德国犹太人缺乏拓荒能力，而又渴望远离沙漠开辟新生活。面对犹太人和阿拉伯人之间愈加高涨的敌意，英国人严格限制移民巴勒斯坦。对于希特勒而言，他又产生一个新的想法：

阿道夫·艾克曼被安排处理欧洲犹太人事务，他对他有一个好出身感到自豪，他最喜欢的照片有（左上）他的结婚照，作为记者的便装照（右上）。1937年他出访巴勒斯坦，以探寻将犹太人流放此地的可能性。1938年3月，在他到达奥地利之后，他在维也纳组建了犹太移民中央办公室（底图由右数第三个）。

着手创立一个包括仇敌在内的独立国家。由于担心"可能成为国际上犹太人共同谋求的精神中心",他命令暂停犹太人大规模移民巴勒斯坦的谈判,因此导致德国犹太人移民数量急剧下降。

然而艾克曼却出了名。他被授予党卫队上尉军衔,并在1938年被派往维也纳执行一项重要使命。奥地利被吞并后,帝国又增加20万犹太人,他的使命就是迫使他们移民,艾克曼把他的犹太移民中央办公室设在维也纳古老的罗斯柴尔德家族的豪宅里,把办理移民手续的政府机构代表集中在一起,"就像传输带一样,当你把文件一件一件放在一端,护照就会在另一端出现。"这种流水线技术使得在德国数周才能办完的手续,现在一天就能办理完毕,每天能处理多达1000份文件。

除了流水线式移民之外,艾克曼在维也纳还有创新。他迫使富裕的犹太人向贫困移民提供资助。同时,不仅增加国外的犹太人间谍的经费,而且使其获得移民其他国家必需的外汇。由于实行了为所欲为的移民程序,艾克曼制定了一项强迫性移民方案,它甚至不具有接收担保。于是,运送犹太难民的轮船不得不辗转往返,以寻求能接受他们的港口,这就不可避免地引起国际纠纷。从奥地利到遥远的上海,犹太人受尽了痛苦的折磨。但是成效却给柏林留下深刻印象:艾克曼只花半年时间就把5万名犹太人成功地运出奥地利,而在德国,用通常的程序,只能运出1.9万人。

1938年,一名德国东正教犹太人从他的祖国移民到巴西里约热内卢,在搬运行李的间隙,他祈祷航行顺利。

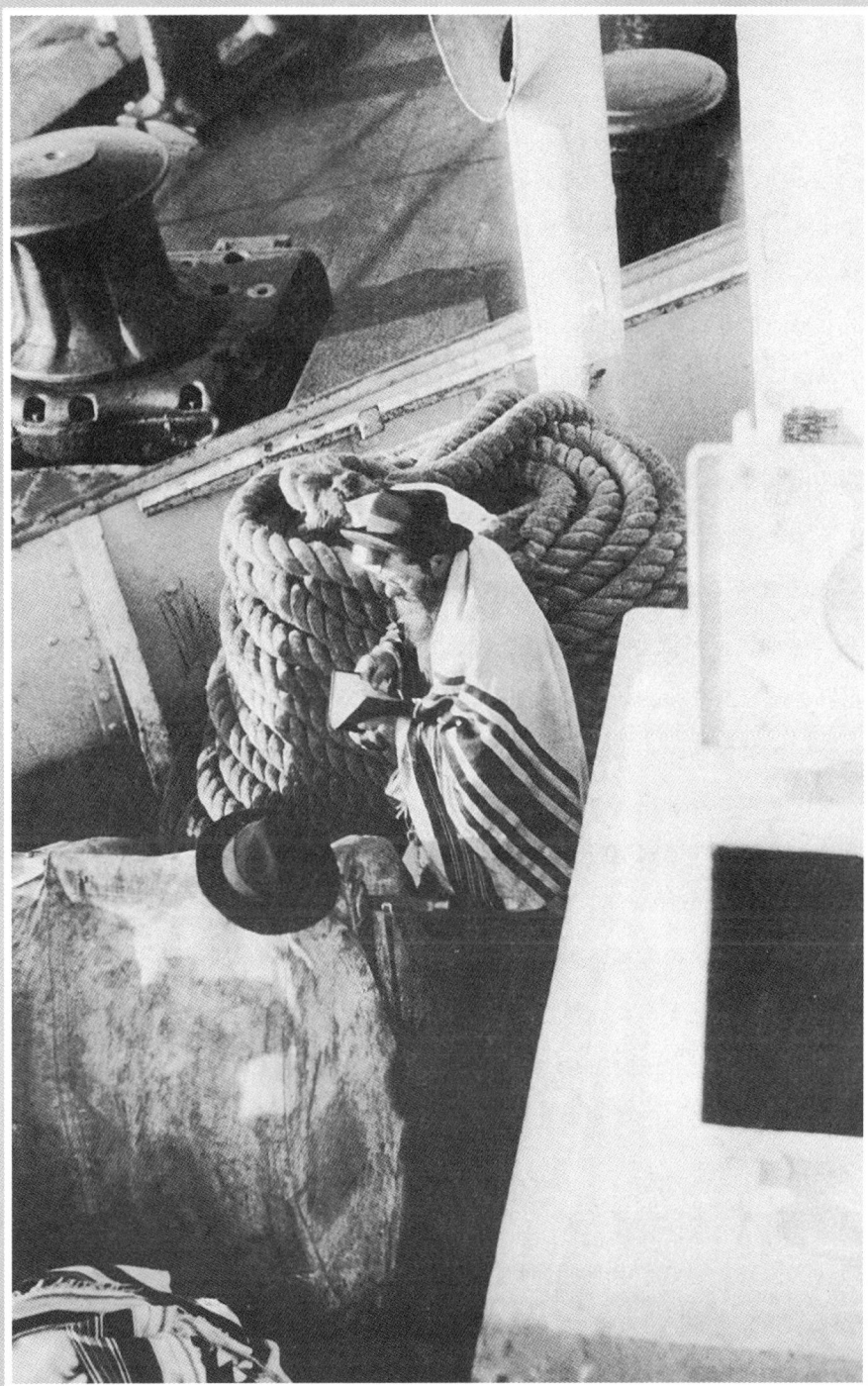

艾克曼的运作被视为成功的典范而被效仿。1939
年1月,戈林任命海德里希通过再定居解决犹太人问题
时,特别命令在艾克曼发明的模式上建立帝国移民中央
办公室。但是新机构面临着比艾克曼在维也纳遇到的更
大障碍。自从1933年纳粹上台以来,虽然有15万左右
的德国犹太人移民,但是现在每年移民的数量却不断减
少。因为年龄、资金、技能的关系,德国仍有35万犹
太人不大可能在国外寻求到避难所。他们一半以上超过
45岁,其中1/4显得比65岁的老人还要年迈体弱。

然而,对于大规模的移民来说,最可怕的障碍来
自其他国家的政策。从波兰、匈牙利、罗马尼亚和其他
东欧国家甚至德国,不断高涨着反犹太主义的浪潮,犹
太难民在世界范围内人满为患——愿接纳他们的地区急
剧减少。波兰在不到20年的时间内,就有40万犹太人
移民进入。1939年6月,帝国移民中央办公室建立几
个月后,党卫队保安处报告"其他国家封锁国门、反对
移民的倾向加强了"。

当美国总统富兰克林·罗斯福要求就移民问题上
召开一次国际会议的前一个夏天,对犹太难民的强硬反
应就已表现出来。1938年7月,32个国家的代表在法
国避暑胜地埃维昂召开会议。首先并不是所有的代表都
对这个由种族歧视引起的问题免疫。"它无疑会受到
关注,"澳大利亚代表宣称,"因为我们没有种族问题,
我们也不想引进它。"埃维昂会议没有达成任何协议。

NORTH SEA

DENMARK
Copenhagen

SWEDEN

BALTIC
SEA

Riga
LATVIA

REICHSKOMMISSARIAT
OSTLAND

LITHUANIA
Vilna

Minsk

NETHERLANDS
BERGEN-BELSEN
SACHSENHAUSEN
Elbe River
Berlin
Oder River

BIALYSTOK

Vistula
TREBLINKA
WARSAW

CHELMNO
LODZ

Bug River

Pinsk

BELGIUM
Cologne
Hadamar
BUCHENWALD
Rhine River
LUXEMBOURG

SOBIBOR
MAJDANEK
LUBLIN
PONIATOWA

REICHSKOMMISSARIAT
UKRAINE
Uhrusk
TREWNIKI
Chelm
BELZEC

GREATER GERMANY

THERESIENSTADT
Prague
PROTECTORATE
OF BOHEMIA
AND MORAVIA
AUSCHWITZ
KRAKOW
GOVERNMENT
GENERAL
Lvov

FRANCE

DACHAU
Munich
Danube
MAUTHAUSEN
Vienna

SLOVAKIA

SWITZERLAND
LIECHTENSTEIN
OSTMARK
River

Budapest
HUNGARY

ITALY

SOUTH
STYRIA

0   100   200 mi
0 100 200 km

▲ KILLING CENTERS
● GHETTOS
■ CONCENTRATION CAMPS

1942 年 7 月，阿道夫·希特勒为了迫害犹太人、吉卜赛人和其他非雅利安人，在德统区建立了一系列聚居区、劳动营以及屠杀营。第一个劳动营于 1933 年设立，位于慕尼黑的达豪。1939 年，6 个营地共关押了 2.5 万人。1942 年，纳粹又开了贝乌热茨、索比堡和特雷布林卡三个屠杀营，它们都设有毒气室，其目的是杀死波兰的犹太人。奥斯维辛既是劳动营又是屠杀营，身体健壮的为纳粹做苦工，老幼则一律杀死。1942 年，纳粹将奥斯维辛作为主要的行刑所，西欧的犹太人多在此处被杀害。

图内图注
▲屠杀中心
●聚居区
■集中营

41

结果，即使对像美国和英国这样大量接纳犹太移民的国家，移民法规也更加严格。

这段时期，德国外长里宾特洛甫继续举行高级的谈判，目的是让邻国接收德国犹太人。1938 年 12 月，埃维昂会议后 5 个月，里宾特洛甫与法国外长乔治·博内举行会议（因为法国是传统上对难民提供庇护的国家）。根据里宾特洛甫的会议记录，博内不仅拒绝任何德国犹太移民，而且要把已在法国的 10000 名犹太人运往"其他地方"。里宾特洛甫写下他告诉博内的话："我们都想除掉犹太人，但困难在于没有国家愿意接纳他们。"

尽管有这些障碍，帝国中央办公室在 1939 年里，仍成功地以双倍的速度移民。由于高压政策的施行，那年有大约 7.8 万名犹太人离开德国。柏林迫使犹太机构提交一份准备被移民的 70 户家庭清单。其中，有几千人是躲过英国驱逐舰的封锁用船偷运到巴勒斯坦的。偷运的成功是犹太复国主义者和党卫队保安处暗中勾结的结果。同时，艾克曼被授予上校军衔。1939 年 3 月德国攻克捷克斯洛伐克后不久，他马上在布拉格设立办事处，立即着手处理 3 万多名犹太人移民。

强制性移民，即便在 1939 年 9 月 1 日希特勒侵犯波兰——二战爆发时，也是纳粹政权优先考虑的问题。12 月艾克曼返回柏林接管帝国中央办公室，他面对的是众多的波兰犹太人，其数量占战前 3300 万波兰居民的 1/10，代表着欧洲最大的一支犹太人群体。波兰被肢解后，他们中大约有 200 万人居住在德占区；余下的则居住在东部苏联占领区。1940 年中期，艾克曼对野心勃勃的移民计划投入了极大的工作热情，这个计划解决了 400 多万欧洲犹太人。

1940 年 6 月德国击败法国之后，外交部提出了所谓的"马达加斯加计划"。事实上，把犹太人驱逐到法属殖民地马达加斯加（非洲东南沿岸的一大岛）的思想可以追溯到近一个半世纪前的拿破仑时代。在 1937 年，波兰政权还在调查重新安置那里的犹太人的可能性。按照德国外交部提出的新方案，法国应当把这个岛屿交给德国。德国海军有在那里建造基地的选择权，余下的 22.8 万平方英里的岛屿将变成犹太人的保留地，完全置于希姆莱和党卫队的管辖之下。党卫队的介入可能增加了实施马达加斯加计划的可能性：那里的犹太人可以被当作人质，影响美国的政策。

艾克曼俨然成为这个犹太王国的统治者，热情驱使他规划详细的蓝图。他甚至委托法律专家起草法律为这一计划披上合法的外衣。但是计划的执行取决于与法国缔结和平协议，并且要消除英国人的敌意，因为无论如何是英国皇家海军控制着运输犹太人进出的港口。

当艾克曼在这个通过移民解决犹太人问题的计划上呕心沥血时，新的解决机器已经运转。成千上万的犹太人——主要是波兰人，也有德国人、奥地利人、捷

克人、斯洛伐克人——被迫背井离乡，被运往东方，最
后集中在波兰的犹太人聚居区。

海德里希遣送和集中犹太人的计
划已经进入了一个新的阶段。在德国
入侵波兰后的3周后——1939年9月
21日，他召集属下官员们，在国
家中央安全办公室召开了一
个会议。该办公室是由海
德里希、盖世太保、党卫
队保安处和警察局所领导。
会上，海德里希说，这些措施
是"最后解决的第一步"。他所说的"die
Endlösung"——最后解决——还没有包含那种令人不
寒而栗的意思。纽伦堡法案的起草人之一斯图塔克第
一次使用它时，表明立法只不过是把犹太人从德国驱
逐出境的权宜之计，显然还没有包括大规模的屠杀。海
德里希遣送和集中犹太人的第一步措施与强加给战败的
波兰的新边界密切相关。第三帝国仅仅吞并了波兰德占
区的北部和西部地区，包括德国一战之后在《凡尔赛条
约》中已放弃的省。没有被苏联占领的东部和南部的剩
余地区成了犹太人集中区，实际上是由德国殖民者扶植
的波兰傀儡政府统治。100万犹太人之中，60万来自于
被吞并地区，40万来自于帝国的遣送，其中包括成千
上万的吉卜赛人和波兰异教徒。如此大规模的驱赶犹太

犹太人被迫要戴
上"大卫之盾"六芒星
标志，它们由不同材料
制成，佩戴也有着不同
的方法。在保加利亚，
黄黑底的要缝在衣服上
（最上）；在荷兰、法
国和德国，标志中间要
打上"犹太人"字样，
华沙聚居区内的犹太人
要戴在胳膊上（从上数
第4个）。那些拒绝戴
六芒星标志的人要受到
惩罚。

人，是为了给向被占领区西迁的德国人让出一席之地。

1939 年 12 月 1 日，遣送犹太人的火车开动了，一批批犹太人、波兰人、吉卜赛人被源源不断地运往划定区——平均每天 3000 人——很快就超出了新政府的管理能力——在它的辖区内已有 140 万犹太人。1940 年 2 月，一直与希姆莱明争暗斗、刚愎自用的汉斯·弗兰克，开始与戈林分庭礼抗。一个月后，大约有 20 万人被遣送到该地区，戈林命令除经弗兰克批准外，停止一切遣送。

与此同时，在整个波兰，虽然不像在德国那样经过周密安排，但暗地里也进行着集中和隔离犹太人的工作。21.5 万滞留在那里的犹太人在战争爆发时，只能

1942 年，犹太青年在波兰罗兹的锁匠工厂辛勤工作，以履行与德国军队的合同。1939 年初，纳粹对波兰犹太人实施了隔离，并强迫那些 12 岁以上的人在劳动营做工。

待在没有围墙的聚居区内，其中，有超过 2/3 的人的人居住在几个大城市中，他们团结起来，互相声援。

第三帝国时期，纳粹在波兰创建的犹太人聚居区内，不仅对犹太人强取豪夺，还变本加厉。例如 1939 年 9 月，他们强迫波兰中央政府管辖下的犹太人戴上特殊的标志 ——白臂章，上面印有一个蓝色的"大卫之盾"六芒星，就像两年前在德国的犹太人必须佩戴印有黄星的黑臂章一样。

在波兰，大多数新建的犹太人聚居区保持着中世纪监狱的风格，常常在周围装上有倒刺的电网，它们有效地把犹太人与世隔绝起来。而在另一些地方，高高的石墙封闭了聚居区，如克拉科夫，石墙砌得像坟墓，仿佛向世人暗示：犹太人被活埋在里面。犹太人进出聚居区受到严格的控制。即使在聚居区内，他们也只能在白天活动。犹太聚居区俨然是城市中最脏、最拥挤、最贫困的角落。在波兰首都华沙，40 多万犹太人都被赶到犹太人聚居区。聚居区内，平均每个房间至少要容纳 6 人。希特勒的密友罗伯特·利这样解释道："劣等种族的人只需要很小的生存空间，"他又说，"与优秀民族相比，他们只配得到少量的衣服、食物，接受较低的教育。"

尽管如此，纳粹监工仍有权力向犹太人征收日常管理费。每个犹太人聚居区要么受到纳粹御用犹太议会统治，要么受到德国人指派或居民选举的犹太委员会的

犹太警察被指定在华沙犹太人聚居区内负责治安。图中警察正急步走过街道。

管理。委员会主任相当于市长，有时拥有特权。在罗兹聚居区的 20 万犹太人，受到专横霸道的主任切姆·瑞姆科斯基的管制，他有 70 多岁，是犹太孤儿院中的首领。他常常披着大氅，白发飘垂，坐着德国人送的破旧马车，在大街上招摇过市。这个性格古怪的家长在他喜爱的邮票上盖上印章，以此作为货币来发行。"他自认为受到神的洗礼。"华沙聚居区历史的撰写者伊曼纽尔·林格尔布拉姆在他的日记中写道。

主持骇人听闻的掠夺实在是犹太委员会的悲哀。纳粹御用犹太议会在德国强迫劳动的政策下，源源不断地为聚居区内的合作工厂和私营企业输送新的劳动力，为劳动营提供清扫街道的工人，还让犹太人在倒塌的废墟上挖掘渠道或者修建军事堡垒。他们把德国人提供的极少的食物分发给犹太人。在华沙，一个有代表性的聚居区每天分得的食物甚至低于 300 卡。委员们还不得不应付伤寒、肺结核和其他流行性疾病，这些疾病在因饥饿而病魔缠身，又被迫拥挤在垃圾和污秽中奄奄一息的人们中间滋长蔓延。

华沙犹太聚居区，德国士兵正抓住一名试图走私食品的犹太男孩。儿童经常可以逃出聚居区，弄到食物之后再回到聚居区，在黑市上出售。（左图）

（上图）

1941年，法兰克福西北35英里哈达马尔，焚烧尸体的黑烟从安死工厂冒出。1939年9月，受希特勒指使，焚烧行动被正式提到日程上来。1940年夏天，毒气室投入使用。

灭绝的丧钟已经敲响，到1941年早期，在华沙每个月就有超过2000名犹太人饿死。总之，由于种种原因，那年有44360名犹太人死亡，超过定居区居民的10%。"每条街道上都有人死亡，"林格尔布拉姆在1941年5月11日的日记中写道，"孩子们不再谈'死'色变，在乡下，他们甚至玩起了用尸体逗乐的游戏。"

把犹太人限制在居住区的政策虽然被纳粹当作通

过饥饿、疾病、强制劳动来达到逐步灭绝犹太人的重要
措施，但是汉斯·弗兰克和其他波兰纳粹头目们还是对
形势作了不同的估计。尤其是在早期，他们认为集中只
不过是一个过渡期，而大量移民到马达加斯加才是为圆
满地最终解决犹太人问题提供了可能性。

战争爆发前 7 个月——1939 年 1 月 30 日，希特勒
就有了不祥的预感。他曾经多次讲述这种感觉，"在我
的生命中常有先知先觉，大多时我总是被人嘲笑。"他
告诉国会，"我为权力而奋斗，总有一天我将成为国家
领导人。可犹太人嘲笑我的先知先觉。我想，那些嘲笑
我的犹太人如今是骨鲠在喉。今天我仍要预言：如果犹
太人再一次将人类卷入世界大战，那么最终的胜利将不
属于犹太人，相反，遭受毁灭的将是欧洲的犹太人种。"

希特勒在发表上述讲话后不久，就开始实行两项
秘密的屠杀计划。那些在身体和思想上有严重问题的人
（并非一定是犹太人），他们将伴随安死术的按语被仁
慈地处置。他们都是希特勒变态、扭曲的生理纯洁信仰
的牺牲品，这种信仰的雏形则是 1933 年形成于希特勒
头脑中的种族观念，给那些被认为"不纯洁的人"消消毒。
于是，他们打着国家进行遗传和严重身体疾病研究的幌
子，挑选畸形的呆痴者来完成该计划，估计有 5000 名
这样的儿童由于致命注射死亡。5 年内，在遍布德国的
21 家医院里建立了这样的中心。

希特勒的另外一个屠杀计划显得更加野心勃勃，

"让不可救药的人仁慈地死亡"。1939 年秋天，德国入侵波兰后不久，他下令建立国家直属的医疗和药物机构，设立在柏林郊外四号动物园的一幢豪华别墅内，取名为"T-4 计划"。为了确保绝密和严格的控制，他仅在他的私人顾问中选择负责人，他选中了 40 岁、笑容可掬的办公室主任菲利普·布赫尔。希特勒首先依靠战争的支持者们，隐瞒了整个计划并压制可能出现的公众异议。

医生们，包括希特勒的私人医生卡尔·勃兰特博士，从研究机构提供的名单中选择试验品，进行研究。那些被选中的、典型的老年性痴呆、弱智，或不可救药的精神病人，在慈善机构的主持下，被分别送往由废弃的监狱和收容所改建成的 6 个杀人中心。他们二三十人一组，穿着纸罩衣，被领进用瓷砖砌成浴室状的密闭室，然后把一氧化碳气体输入密闭室，结束他们的生命，最后焚尸毁迹。死者家属只收到骨灰盒和一封吊唁信，死因均是诸如肺炎一类的自然死亡，火化则是为预防传染而采取的必要措施。

尽管他们精心掩饰，T-4 计划的细节还是被泄露出来。人们用疑虑的眼光注视着报纸上登载的死亡通知，居住在杀人中心附近的居民，也觉察到烟囱中冒出异常的浓烟。在哈达马尔附近，孩子们紧跟在车窗被裹得严严实实的卡车，边跑边喊："刽子手的车子又走了。"终于，天主教和基督教的一些知名人士从讲坛上站出来公开抨击这个计划。1941 年 8 月，在 7 万多人遭遇了毒气的"仁慈"屠杀之后，希特勒迫于公众的压力，命令结束 T-4 计划。事实上，屠杀并没有停止，他们被纳入代号为 14f13 的相关方案继续执行。这样，又有几千名政治犯、惯犯、犹太人和其他生命垂危者被纳粹诊断为患上精神病，送进了 T-4 中心或者新安装了毒气室的集中营处死。

T-4 中心是有史以来第一个用做大屠杀的实验室。正如希特勒自己所说，它不仅仅是要合法地驱逐犹太人，强迫他们移民，或者把他们送进集中营，而是要真正地灭绝他们，灭绝犹太人的屠杀室还在修建。他们训练刽子手，进行了技术可行性论证，制定了详细的执行程序。毒气室的刽子手们甚至还要学会从死人嘴里拔出镶有黄金的牙齿，为帝国牟利。

对吉卜赛人的
迫害计划

　　纳粹们狂热地宣扬人种净化，对非雅利安人表现出极大的憎恶，在这种情况下，吉卜赛人便成了继犹太人之后又一个特殊的目标，遭受迫害、流放、监禁——直至最终被彻底根除。吉卜赛人——一个源于古印度、过着流浪生活的民族，几个世纪以来一直保持其独特的种族特征、生活在欧洲人之中——但现在引起了纳粹分子的痛恨，原因是他们被认为具有"亚洲人"的外形特征、黝黑的皮肤、四处飘流的生活方式，以及相对独立的特性。总之，由于通婚的结果，他们被视为破坏了日耳曼种族的纯正血统。在德国人眼中，他们是劣等民族，他们，就像犹太人一样，只宜于被隔离、被监禁、被铲除。

　　纳粹官员和种族方面的伪专家们罗织了一系列吉卜赛人是劣等人的"科学证据"，像对待犹太人一样，试图将这些偏见与迫害行为合法化。此项工作的领头人是精神病学家罗伯特·里特尔，他是"帝国种族卫生与群体生物学研究室"的主任。里特尔派遣研究人员对德国吉卜赛人进行人口调查，把复杂的系谱汇集起来，并对其中许多人的日耳曼－吉卜赛混血的程度进行分类登记。他和他的助手们检查、测试了数以百计的吉卜赛人——如这里以及后面几页的图片所显示的那样。里特尔报告说，他们（吉卜赛人）是一群"彻头彻尾的、具有原始人血统的家伙"，他们构成了一个"有犯罪倾向的、自我封闭的亚无产阶级"。他的结论是，吉卜赛人应该被"送入集中营，让他们干活"，或者，有一个更好的办法，将他们悉数消灭。

　　1940年，大规模围捕、驱逐吉卜赛人的行动开始了，如图所示。这些受害者来自德国及纳粹占领下的欧洲国家的成千上万名吉卜赛人中的第一批。在集中营里，他们中的大多数不是被杀害，就是因受折磨或饥饿而最终死去。总计有25万至50万吉卜赛人就这样永远消失了。

罗伯特·里特尔的主要助手依娃·嘉斯汀，正在一个城市贫民窟的院子里采访一个吉卜赛家庭。一些吉卜赛人已经放弃了四处飘流的生活方式，而在城镇定居，但像他们流浪的同伴一样，他们中的大多数仍然贫穷。

测量劣等人
的特征

1938年的一项法令要求所有的吉卜赛人都必须登记。正是受这一法令的驱使，里特尔和他的手下们开始变本加厉地追查德国的所有吉卜赛人——最终收集到了大约30000份系谱文件——并迫使更多的吉卜赛人接受血液、眼睛颜色、皮色素沉着和颅骨外形的检查。尽管里特尔的研究人员不是党卫队这部专业从事种族迫害机器的一部分，但地方警察还是强迫吉卜赛人服从那些令他们感到羞辱和恐惧的测试。如果有谁胆敢表示反抗，他就会受到入狱和被投入集中营的威胁。依靠同样的手段，里特尔还强迫对一定数量的吉卜赛男人和女人进行了外科绝育手术，正如一份官方报告所称，这样做使他(她)们成为"无害的生物"。

由里特尔主持的一些伪科学实验"证明"，吉卜赛人天生就是社会的偏常者和罪犯，这为日后纳粹对犹太人和吉卜赛人施行最终解决提供了理由。战后，里特尔被起诉犯有反人性罪，但从未被审判。他死于1951年。

在一个吉卜赛集中营，面带微笑的里特尔医生在一位同事的帮助下，正从一位恐惧不安的妇女臂上采集血样。妇女的丈夫在一边看着。

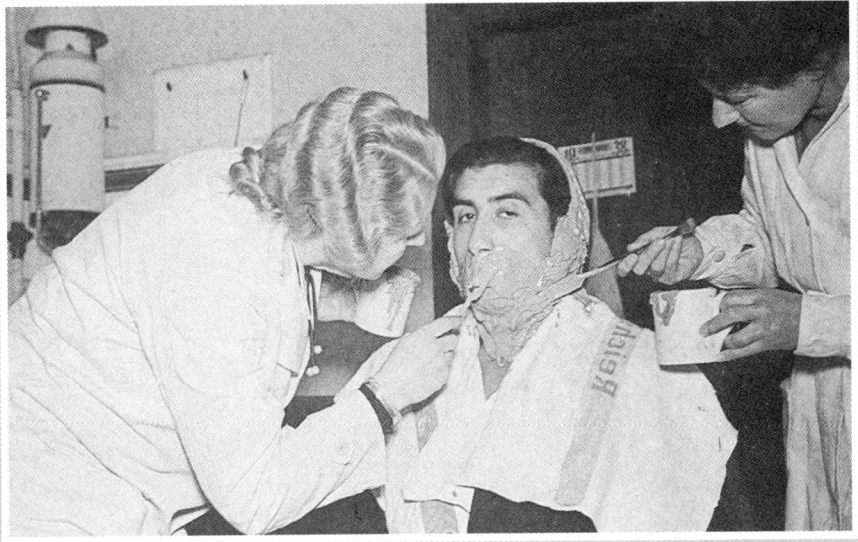

里特尔小组的另一位成员苏菲·厄尔哈特和一名助手（上图）正在往一个吉卜赛人的脸上涂抹软蜡。这是她们制作的众多活面模中的一个，她们用以来研究吉卜赛人的外貌特征。

厄尔哈特医生正在把一个模板上的样品与一名吉卜赛妇女眼睛的颜色进行对比。进行这些以及其他一些欺骗性的实验是为了证明吉卜赛人的"亚洲人劣根性"。

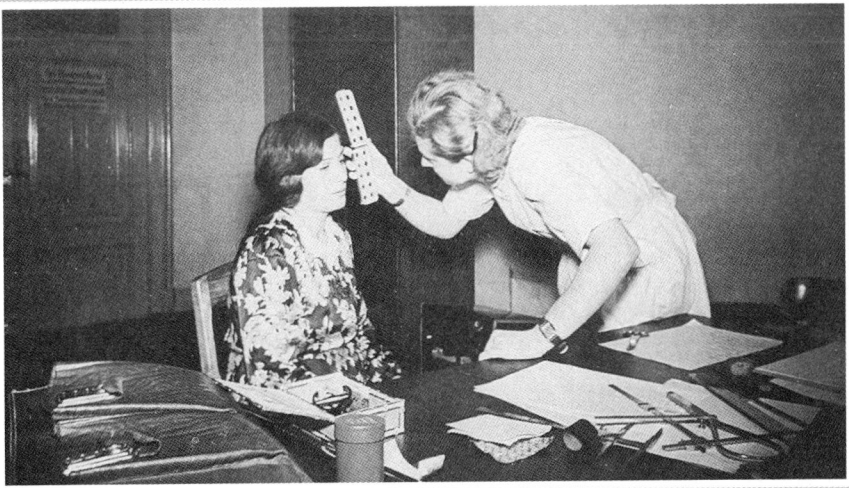

第一次
驱逐

最初的驱逐始于 1940 年 3 月 16 日，当时，警察将吉卜赛人从他们的家中、工作场所扭出，强行轰往一系列收容所。首批遭到驱逐的 2800 名男子、女子及儿童生活在德国西北和西部城市。图片中这些吉卜赛人来自美因茨、沃尔姆斯和英格尔海姆，他们被强行监禁在一所有 160 年历史的监狱中，这所监狱名为豪赫纳斯伯格。他们的目的地是波兰，一个被纳粹选择的倾泻所谓"不良分子"的地方。

在豪赫纳斯伯格，吉卜赛人的臂膊上被打上数码，并强令签署一系列文件，文件大致是说："我们将放弃任何重返我们在德国的家中的企图。"他们的看守是普通警察，由法兰克福警察总部选拔。驱逐与杀害犹太人不同，后者在很大程度上应归咎于希特勒、希姆莱以及党卫队，而对吉卜赛人的迫害却是由普通民事官员、常规警察和一些科学社团成员来完成的。

吉卜赛人在豪赫纳斯伯格监狱（上图）的庭院中集合，这所监狱修在路德维希堡（临近斯图加特）附近的一个村庄中、村庄名叫阿斯伯格。图中，吉卜赛人只允许拿一件行李，一两支乐器，受驱逐者穿着他（她）们最好的衣服——女人是传统的长裙、披肩与头巾；男人则是西服、礼帽。在监狱的庭院中，吉卜赛人（右图）乱挤在一起，他们面露迷惑，他们不清楚为什么他们的生活不平静。画面中，一个身背步枪的民事警察在严密地看守着他们。

运送，
为了湮没

几天之后，在豪赫纳斯伯格监狱汇集的吉卜赛人被赶上列车，从此踏上漫长的梦魇之旅，他们要去的是"大政府"，纳粹占领的波兰的一部分。在那里，他们被置于荒郊野外，强迫去修建他们自己的集中营。

至1941年底，在装满吉卜赛人的新一班列车重又开进波兰之前，尽管没有驱逐事件发生，但在纳粹占领区的吉卜赛人仍被屠杀包围着。在1942年初，毒气室投入使用之前，已有许多人死于饥饿与疾病。大约20000名吉卜赛人死在奥斯维辛，另有数万人丧身其他集中营。在波兰，党卫队的巡回行刑队杀死了35000名吉卜赛人，以及不可计数的苏联

人。在南斯拉夫，克罗地亚天主教恐怖分子组成臭名昭著的乌斯塔莎（Ustashi，流亡的南斯拉夫右翼分子的恐怖组织，曾于1941～1944年依靠德国势力建立独立的克罗地亚国，对非克罗地亚居民实施恐怖统治——译注），在反对吉卜赛人的暴行中，他们的手段甚至超过了党卫队。在纳粹扶持地区，只有不到战前人口总数1/5的吉卜赛人逃过了这场浩劫。

在阿斯伯格车站，吉卜赛被驱逐者将身子探出车窗。他们并不知道此行是通往灭绝之路，也不知道他们将去往何方。之后，当他们面对行刑队，毒气室时，他们用手无寸铁的双手与党卫队刽子手们展开了搏斗。

吉卜赛人列队从豪赫纳斯伯格监狱经过小村街道去往火车站。远处，建在山顶上的监狱的轮廓依稀可辨，一道台阶直通蔓藤遮掩着的庭院。

中士海因里希·乔斯特在德国占领的波兰服务多年，在平民生涯中，他是一个酒店老板。

绝望的
邻居

1940 年 11 月 16 日，华沙犹太人聚居区，10 英尺厚的围墙，有军队看守的大门，使 50 万犹太人与世隔绝了。这是纳粹进一步灭绝第三帝国境内及其占领区内的犹太人计划中的一步。

犹太人的财产被没收，他们被强制性地戴上臂章以证明他们的身份。聚居区居民——几乎占华沙人口的 1/3，外加来自波兰其他地方的犹太人——被置于不到华沙市总面积 3% 的区域内。德国人讥诮地解释道，之所以将他们封锁、隔离，只为了不让伤寒和斑疹四下蔓延。1939 年 9 月华沙被占领之后，这些致命的传染病的确曾横扫整个华沙，但势头已有所衰减。在人满为患的聚居区内，由于生存环境恶劣，食品、燃料及医药的严重匮乏，使得这些流行性传染病重又泛滥。1941 年夏，疾病和饥饿夺去了 15655 名犹太人的生命，还有一些人在逃跑及走私贵重商品时被射杀，这些人的尸体经常被悬于聚居区的围墙上。

海因里希·乔斯特——德国军队的一名中士，他的军队驻扎在华沙附近——注意到了这些尸体，并产生好奇，他决定满足自己的好奇心。1941 年 9 月 19 日，

他的 43 岁生日，下午，他走进了聚居区。他的进入是违反命令的，更何况还使用了照相机。在这一地区，军队严禁任何"摄影爱好者"拍照，但乔斯特当时穿着国防军的制服，所以没有人阻拦他。乔斯特中士漫无目的地走过彼此相临的街道，随手拍摄着，本页及下页的图片便是出自他手。当他参加朋友们为他举办的生日晚会时，他发现他什么东西也吃不下去。他从未告诉朋友们他去了哪儿，他的照片也只被一个波兰药剂师无意中发现过。在接下来的 40 年里，他没有将照片给任何人看过，"在我写给家人的信中，"他后来回忆道，"我只字未提我所见过的一切，我不想搅乱我的家庭。但就我而言，我当时想，'上帝啊，这是一个怎样的世界呀？'"

乔斯特进入的华沙聚居区，这里是雷兹诺街。标牌以德文和波兰文书写，大意为："瘟疫传染区，仅允许交通工具通过。"这是 2 号门，数量日渐减少的进口之一。

一车的德国警察在一名波兰卖国贼（站在汽车两旁脚踏板处）的帮助下正看守着聚居区的几个街道之一。这是少数几条允许华沙有轨电车行驶的街道。其他街道仍被长长的高墙封锁着。

悲惨的生活

在露天市场，顾客们正在挑选衣服。犹太人在这里出售财产以换取食品。纳粹地方长官汉斯·弗兰克的妻子正在挑选便宜货，她经常穿梭于这样的聚居地市场。

在聚居区内，乔斯特被大批营养不良的摊贩包围了，自从他们的家产被没收后，他们变成了小商贩。在这里，商品是稀缺的，过去，商品可以通过行贿守卫或走私获得。为了生存，许多人已倾尽了最后一点财产。"现在的犹太人聚居区，"一个居民写道，"是一个大的集中营，居民们必须养活他们自己。"

对于那些有钱或有关系的人，少量的酒馆和咖啡馆可以供他们消遣，那里，饥饿的艺人为他们表演，但对于大部分人来说，有的只是贫穷。

宵禁要求任何人在夜里都必须留在家里。随着战争的日趋白热化，能与外界联络的人越来越少了。不允许给外界的亲属写信；收听国外广播要被处以死刑。允许走到大墙之外的，仅是那些被打上标记加入劳工队的犹太人。

最痛苦的莫过于不断增加的人。"成千上万的人就像一道洪流充斥着街道，一眼望去无边无际，"一个聚居区的居民写道，"一个人如果想分开一条路，那就像摩西分开红海一样。"

眼前的景象令乔斯特中士震惊了，他迅速记下了这一切。"我不能想象，世界上还有这样的地方，竟有这么多的人！"

一个摊贩正在卖腌鱼和面包，她在一个铁笼的栅栏后守护着，否则，饥饿至极的人会猛地抓起食物，并就地吞入肚中。

一个憔悴、精疲力竭的妇女正在出售被浆过的"大卫之盾"六芒星臂章。如果谁的臂章被揉皱或弄脏，他就要挨一顿毒打；而不戴臂章，那只有死路一条。

疾病与饥饿
的蔓延

　　一个过路人和一个犹太警察正在帮助一个虚脱的老者。"饥饿的人，"一个聚居区的医生写道，"只要动用体力就会导致死亡，就好像在寻找食物时，或当拿起一片面包在手中时。"

1941年9月19日是阴冷的一天，但乔斯特注意到许多窗子都是敞开的。"显然"，他写道，"人们拥挤在一个狭窄的空间里，他们太需要新鲜空气了。"三四个家庭挤在一所公寓内，平均9个人共享一个房间。数十无家可归者聚集在犹太教堂内，而更多的人则是露宿街头。

肥皂在聚居区是稀罕物，这使得个人卫生无法保障。携带伤寒病菌的虱子数量不断增加，它们传播着疾病。免疫血清是昂贵且稀有的，它们的获得靠的是走私。肺结核、流感和肠道疾病夺去了大批居民的生命。

寒冷和饥饿更加令人痛苦。一小块煤都是宝贵的，它们被称之为"黑珍珠"。食物配给降到了饥饿线以下。一天少于300卡；一个月的食物不到正常人3天所消耗的。吃饭成了一个大问题。"对所有家庭而言，如果哪天不死人，这一天便不正常。"一位记日记者这样写道，"如果这种情况再继续下去，那么，华沙的'犹太人问题'便会自行解决。"

由于虚弱而不能行走，一位营养不良的母亲和孩子坐在一辆租来的人力车上。令乔斯特震惊的是"人们像牲口一样工作"，但一天的工作可使人力车夫挣到一条面包。

两个男人坐在维滕堡街的殡葬馆前，等待去拉收尸车。这里没有马匹，马早已被充公。

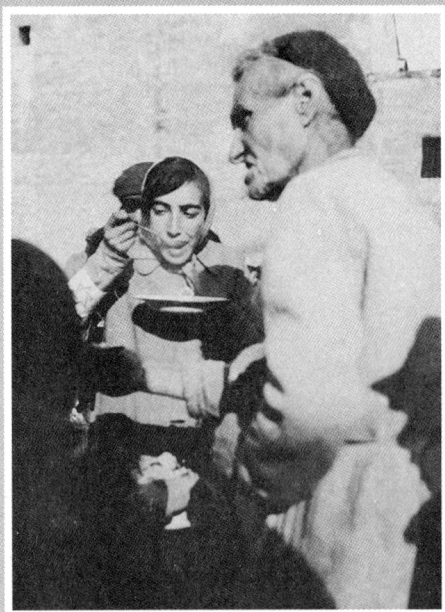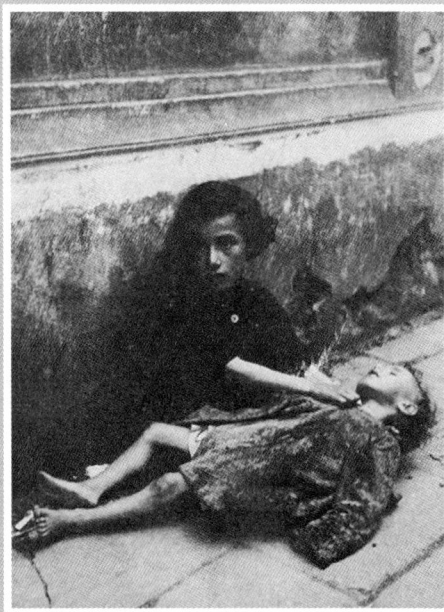

在一个聚居区施善处（最左边图），一个妇女正在吃用干草加工成的薄稀粥，这样的一顿饭每天要向 10 万人提供。在它旁边的图片显示，一个男人和一个赤足的孩子正沿街乞讨，街道上人来人往，"但没有人给他们一分钱，"一位记录者这样写道，"因为街头大量的行乞者已令我们的心变硬了。"

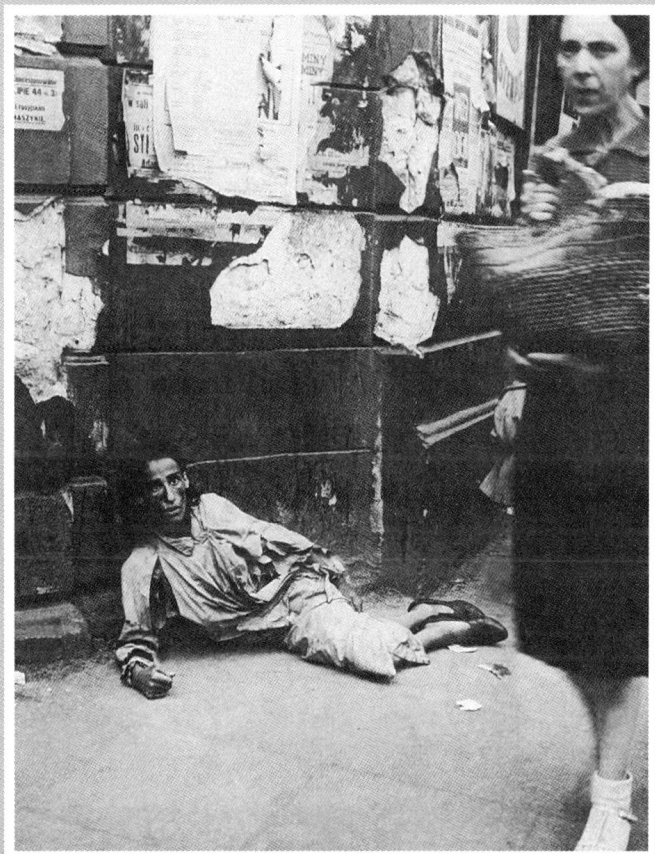

一个孩子太虚弱了，他已不能坐着乞讨（最左边图）。他躺在便道上，乔斯特写道："人们只是从他身边走过，因为像这样的孩子太多了。"在它旁边的图片显示，有两个乞讨的孩子，乔斯特怀疑，在他拍摄这张照片时，那个年幼一点的孩子是否还活着。

在冰冷的人行道上，一位妇女两脚伸展着盯着过往的行人。"这个因饥饿而濒于死亡的人没有让我施舍食物，"乔斯特回忆道，"因为我穿着德军制服。"

对死亡的
冷漠

一个男孩拉着装满尸体大车。不像这具尸体这么幸运，大部分被送往公墓的死尸没有尸衣，因为没有衣服供死者穿用。

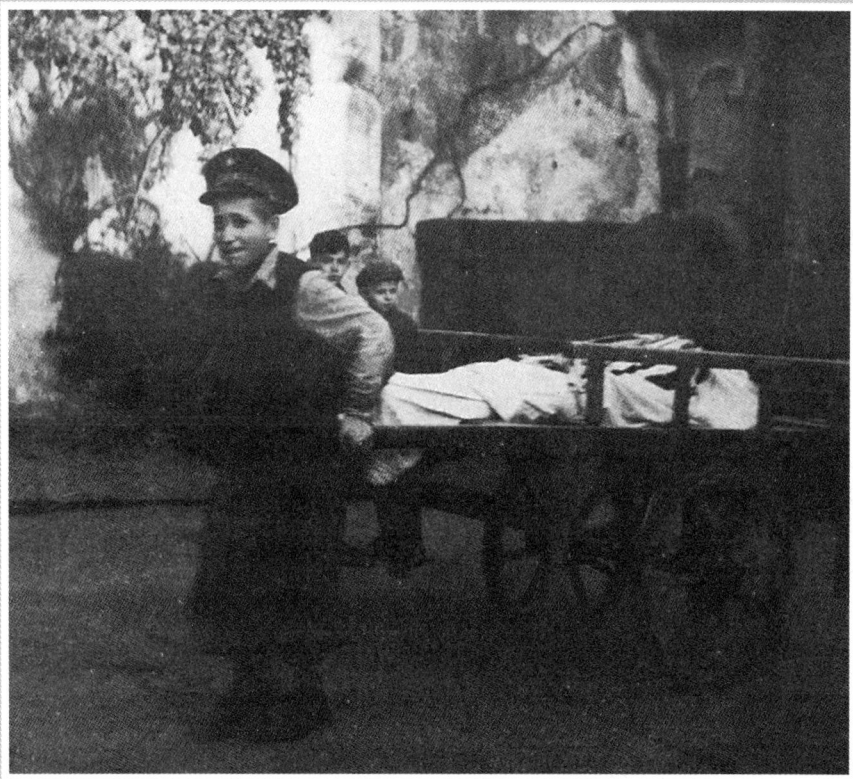

在华沙，死者的尸体用四轮马车（当然，马已充公，剩下的只有人）、人力车、担架和手拉平板车运往犹太人墓地，如上图所示。只有很少的家庭可以负担得起一个像样的葬礼。大部分尸体只是简单地堆放在人行道上，等着收尸者抬去。无名的尸体全身赤裸，唯一的遮蔽物是一张纸或一块面纱。衣服在这里是可宝贵的东西，不能和死者一起埋葬。

乔斯特跟随一辆送葬车来到公墓，但他对在这里所见到的一切没有任何思想准备。尸体，每天超过几十打，被送到这里掩埋，没有仪式，也没有墓碑。"对于死亡，人们表现出的是超乎想象的漠视，死亡不会给任何人留下印象。"一位聚居区的居民写道。路德维希·费舍尔，华沙地区的纳粹地方长官，预言道："犹太人将死于饥饿与贫困，犹太人的问题仅仅是保留一块墓地的问题。"

一个掘墓者正将一具尸体移至墓坑边，他的同伴在等着安置尸体。这个男人，乔斯特说，"将尸体摆放整齐，然后撒上一层石灰，之后码下一层。"

2. "没有同情没有怜悯"

1943 年 5 月 18 日黎明，天气温和晴好，在波兰东部乡下的斯拉乔夫卡村，大多数人早早地起了床，已开始忙活了几个时辰。上午 9 点左右，传来消息，说德军正在包围村庄。在 3 年的占领期里，村民们已听够了这一类消息所带来的恐怖传闻。有些人较早地获悉德国人这一不怀好意的行动，便从村西那条道逃往邻村赫梅尔尼克——由于党卫队的一支小分队赶来迟了，才留下这处短暂的逃路。15 分钟后，这条路也被封锁了，斯拉乔夫卡村被完全包围。

这支由党卫队、正规军和盖世太保组成的德国部队呈扇形展开，在村子里四处搜索，有条不紊地把村民们及其所有财物汇集起来。年轻男人一旦遭遇德军便被就地打死，而妇女、儿童和老人被驱赶到镇上的广场。一些村民在哭泣，有几位在歇斯底里地大声笑着。大多数人则一言不发地站着，看着德军士兵捕捉家畜，把家里的物品往车上装运。

中午时分，纳粹指挥官命令把人群分成几个小组，带到几处较大的房子和马厩里。然后，德国人用木板封住门窗，在这些建筑物周围堆放麦草，点火焚烧。

古旧的木结构建筑很快就熊熊燃烧起来。燃烧的

1939 年 9 月，被占领土波兰的新任命的地方长官汉斯·弗兰克（中）及其副官阿图尔·塞斯－因夸特（左）走在华沙的一条已成废墟的街道上。弗兰克从希特勒那儿接到的命令是"不惜一切代价解决掉波兰人"。

木头发出的噼里啪啦声混杂着孩子们的刺耳哭喊声、父母亲的尖叫声和老人的呜咽声。纳粹分子们无动于衷地站在一旁观望，一座建筑物坍塌了，一位妇女从废墟中爬了出来，但马上被枪打死。然后，这群穿着制服的德国人再次展开队形，穿过村镇，给剩下的那些建筑物也浇上汽油，付之一炬。

有几个人在这场灾难中幸存了下来，他们挤进地窖的角落里，通过那儿一个孔洞漏进的空气而没有被火烟窒息而死。他们在浓密的黑烟掩护下，逃出了地狱，爬进了附近的玉米地里，没有被人察觉。渐渐地，其他那些人的哭叫声听不见了。除了大火的噼里啪啦声，整个村镇终于平静了下来，到这时候，纳粹分子才离去。

为什么一个已有数代人居住的社区仅仅在几个小时里就被彻底灭绝？这次屠杀极有可能是一次因某种真实的或臆想的党派狂热活动而采取的报复行为。纳粹分子把一道残忍的数学公式用在了对波兰的统治上，即每当有一名德国人被打死（不管以什么方式），那就要杀死 50 ～ 100 名波兰人。这一公式自从 1939 年 9 月 1 日入侵波兰以来一直得到忠实的执行。

不管原因是什么，这无关紧要。斯拉乔夫卡村的命运以及散居在波兰广袤大地上和苏联欧洲部分土地上其他数以千计的村庄的命运早在几十年前就已在阿道夫·希特勒的心里决定下来了。

整个青少年时代一直遭受挫折失意，但喜欢冥思

1939年9月9日，在波兰的比得哥什城广场上，一名哭泣的男孩和两名男子在被机关枪打死之前的几分钟里面对着德国的行刑手。在接下来的4个月里，该城14万居民中，有1万人被纳粹分子随意处死。

苦想的希特勒找到了他逃避残酷现实的出路，他幻想着征服疆土，扩大空间。东欧的广袤大地对他几乎有一种神秘的吸引力——那是一首海妖之歌，在他到了成人后仍然不绝于耳，他个人的征服梦想与他根深蒂固的法西斯思想结合在一起，产生了"生存空间"这一个已经融入纳粹意识形态之中的概念。对希特勒来说，"生存空间"意味着在东欧建立起一个庞大的纳粹帝国，那是一个生物特性纯洁、绝对乡村化的社会，在那个社会里，没有任何空间允许种族上更低劣的本地居民存在。

在希特勒眼中，犹太人和斯拉夫人都是必须从未来德国生存空间中清除掉的害虫。不过，在纳粹理论中，这两种民族之间还有严格的区别。纳粹种族主义理论家喜欢称之为"永恒犹太人"的那种人是一个神秘诡谲的怪物，一个有着撒旦般邪恶的、狡猾的幕后操纵者，当今社会的各种邪恶，上至资本主义，下至妓女卖淫，都应归罪于他。而斯拉夫人则属于另一种情况（斯拉夫人由散居在苏联的100多个不同的民族构成，他们也包括捷克人、波兰人、斯洛文尼亚人、克罗地亚人、斯洛伐克人和塞尔维亚人）。在纳粹分子看来，这些"劣等人"原始愚昧，在社会进化的阶梯上仅比动物略高一等。

纳粹分子的这些思想产生了一种各民族有优劣之分的体系，这些思想在一定程度上最终决定了纳粹分子对待那两种民族的方式。说穿了，犹太人就是极大的危险分子，他们是恐惧和仇恨的对象，他们必须连根拔掉，无论采用什么方式，越快越好。而另一方面，斯拉夫人仅仅是轻蔑的对象，他们只是不恰当地住在了德国想要偷觑的土地上。除了某些例外（如波兰的知识分子或苏联的政府官员被视为极端危险分子），斯拉夫人还不至于面临马上灭绝的危险。事实上，战略位置重要、军火工业发达的罗马尼亚人、匈牙利人和保加利亚人还成了德国战时的盟友。同样，捷克人基本上也没有遭到屠杀，他们的国家在 1939 年已沦为德国的保护国。

其他一些斯拉夫民族被视为潜在的奴隶——至少在短期内是如此。作为优等种族的德意志人并不让自己组成一个蓄奴的贵族社会，而是一个强健的乡村社会，通过亲身劳作保持自己的活力。曾经有一段时期，斯拉夫人也差点儿被灭绝了，他们的人数随着德国人在"生存空间"的逐渐增多而相应地逐渐减少。在这一过程中，种族屠杀将是不可避免的事。正如海因里希·希姆莱所言："我们在东部的职责不是实行原来意义上的'德意志化'，即把德国语言和法律强加于那些民族头上，而是确保只有纯德意志血统的人才能住在东部。"

说起对"生存空间"理论的阐述和发挥，很少有人能与希姆莱相比，他从一开始就着迷于希特勒这套关于血统和土地的反常观点。作为一名前养鸡场农场主和充满激情的农艺师，这位党卫队头目对这套理论中体现的土地观念特别推崇。他的那番激情，配之以他那种千方百计把希特勒最疯狂的梦想变成具体实践的才能，使他得以建成一个由众多机构和部门组成的网络，专门负责种族、民族和人口迁徙等方面的事务。

其中最大的一个机构是成立于 1936 年的"德意志种族联络部"（VOMI），该机构代表纳粹党负责重新安置 120 万居住在中欧和东欧的具有德意志血统的人。在党卫队内部，还有一个"种族与安置办公室"，不仅监测党卫队新成员及其未婚妻子的种族纯洁性，而且研究制定乡村安置手段和计划，为最终在东欧建立德国殖民地作准备。

有了这些以及其他一些隶属于党卫队控制的组织机构，加上已具雏形的党卫队军事机构和莱因哈德·海德里希早先创建的庞大的国家安全机器，希姆莱现已拥有一套真正的官僚统治工具，为他和希特勒梦寐以求的那个种族纯洁的农业乌托邦社会做好了准备。

居住的空间是至关重要的；所选定的土地是那些居住着类似野兽或害虫的人的土地；只有种族上纯洁的民族才有资格获得那些土地——这些就是隐藏在"生存空间"理论背后的种种信念。这些信念颠倒了人性的概念，在纳粹分子中间产生了这样一种思想氛围，即可以处之泰然地去消灭成千上万的生灵。这些深深植根于党卫队心里中的信念为杀人机器提供了理论依据，使党卫队成了一支专门执行枪决的军队，他们可以烧毁里面有人居住的建筑，射击老人的后脑勺，杀死母亲怀抱中的婴幼儿，没有任何怜悯之心，没有任何稍加思考的余地，

德国殖民者到达波兰的耶莱斯尼亚，旗帜上写着"热情欢迎来到您的新家"。实际上，在这表面友好的情景背后，殖民者必须服从一些严格的限制，例如，要受到党卫队的种族成分审查，要受到警察的进一步监视。

简直就像屠夫或职业杀手从事他们的工作一样。

德国对波兰的入侵向世界第一次实实在在地证明了希特勒说话是算数的，即他要在东欧清除本地居民，建立一个种族纯洁的社会。从这场战争爆发的开始，侵略者们就毫无顾忌地滥杀平民。

侵略者们是遵从希特勒的公开旨意而进行大肆屠杀的。1939 年 8 月 22 日，他曾对他的军事指挥官们明确指示："我们的目的不是为了抵达某一战线，而是为了消灭一切活生生的力量。"他授权他们要"毫无怜悯或同情地杀死波兰血统的或说波兰语的任何男人、女人和孩子。只有这样，我们才能获得我们所需要的生存空间"。

　　人人感到自危。无论是华沙居民区街头的行人，还是偏远的乡村牧羊人，这些手无寸铁的平民百姓都会遭到枪杀、轰炸和扫射，其残忍程度不亚于对待武装的波兰军队。这种大屠杀不仅残忍，而且表现得麻木不仁。在波美拉尼亚地区的比得哥什市，"首批遇难者是一群年龄在 12～16 岁之间的'童子军'，他们被排列在市场里的一堵墙边，然后遭到枪杀。没有任何理由。"这是一位当时正住在该市、名叫贝克‑贝阿尔的英国女士报告的。接下来遇难的是一位牧师，他是在匆忙跑进广场里为那几位遇害男孩主持最后仪式时被枪击中的。在接下来的几天里，有 34 名经商的人及当地一名医生的 17 岁儿子被一齐赶到广场，遭到机枪的扫射。

　　在德军入侵的开头几周里，波兰西部的城镇几乎没有一个躲过这样的大屠杀。当时的美国驻波兰大使小安东尼·J·德莱克舍尔·比德尔报告说，好像德国的意图是要"威慑住平民百姓，使用任何手段减少波兰人生育的人数。"

　　10 月中旬，希特勒解除了德国国防军对被占领土地的控制权。他接管了控制权后，把波兰的西部省份和东部的全国政府划分开来，开始了大规模的实施"生存空间"的计划（希特勒把波兰称作"德国的第一块殖民地"）。

党卫队成立了一个新的机构，称作"加强帝国德意志化委员会"（RKFDV），并且合并了现有的"德意志种族联络部"以及"种族和殖民办公室"。RKFDV的目的是在被征服的东欧地区规划和实施殖民计划，清除这些地区的斯拉夫人，然后安置德国人居住。希姆莱有了一个新的头衔，称作"加强德意志化"帝国长官。他的任务就是立即从波兰西部省份驱逐150万波兰人，腾出地方，重新安置住在苏联控制的波罗的海沿岸地区和波兰东部的大约50万德意志血统的人。

为了决定哪些人将被逐出，RKFDV根据职业、社会地位以及对待德国人的态度把西部省份的波兰人划分成不同类群。有三种人必须马上逐出：1918年以后住在该地区的波兰人；为波兰的事业工作过的波兰人；属于广义上的知识分子阶层的波兰人——这类人不仅包括教师、医生、土地主、作家和天主教牧师，也包括任何上过中学的人。这最后一类人才是具体的目标。在波兰被分割的地区，所有政治和社会精英都将遭到清洗，因为这些受过教育的阶层被视为反对纳粹统治的潜在的领导力量。此外，他们会公开谴责纳粹分子对全体波兰人民的非人性的蹂躏。

驱逐行动来得迅猛、残酷。党卫队的一支小分队会出现在房门前，向房主宣布腾房命令。通常，只给房主 20 分钟时间打点行李，还要求把房子打扫干净，给新入住者提供一个整洁的居住环境。行李的重量不得超过 100 磅，不得包含贵重物品；有时候，连结婚戒指和金边眼镜也会被没收。其他一切东西——家具、床、书、锅碗瓢盆以及大门的钥匙——通通都要留给前来定居的德国人。任何反对都会招来立即处决。

　　被驱逐的人们在运输中心分成各类人等。年轻的、

一户波兰人被迫腾出自己的家，以留给德国来的殖民者。在驱逐过程中，许多类似这样的家庭被分离——身体强壮的家庭成员被送往德国做强制性劳动，或者被送到东部。

看上去比较强壮的波兰人往西送到德国当作奴隶劳动。其余的人被装上火车，往东运送到波兰"大政府"控制的区域，在那儿，人们往往被丢弃在小的火车站或旷野里，听天由命，自己照顾自己。许多人甚至在到达那儿之前就已死去。他们是在隆冬季节被塞入锁闭的、没有供热的运牛货车里，经常连续几天不给提供食品和水，使成百上千的人因曝露寒风、营养不良和窒息而死去。

那些既没有被驱逐到东部也没有被运送到德国做强制性劳役的波兰人，结果被降低到非人的地位。他们被允许留下来是因为短期内需要劳动力（需要部分劳动力帮助移居前来的德国人），一条条残酷无情的压迫措施使他们实际上成了任意使役的奴隶。在以前曾是波兰人居住的房门前贴着这样的告示："波兰人、犹太人与狗不得入内"。年龄在 28 岁以下的波兰男人和 25 岁以下的波兰女人不得结婚——这是控制波兰人出生率的众多措施中的一条。所有的学校和大多数教堂都已关闭。波兰人被剥夺了从事任何职业的权利，他们的孩子只能念完德国人开办的小学的头 4 年。体育运动是被禁止的，因为纳粹分子认为，身体锻炼会加强一个民族的防卫能力，所以这一活动不准在奴隶中提倡。

对于居住在"大政府"辖区内的波兰人来说，生活也好不了多少。希特勒曾告知汉斯·弗兰克，这一地区至多不过是一处"巨大的波兰人劳动集中营"。弗兰克还被告知，他的最终职责是，一旦不再需要波

兰人做奴隶时，就要把他们永久性地全部干掉。弗兰克对这一旨意理解得很透彻，他解释道，"我们的目标是，波兰人这一概念本身将在未来的年代里被抹去。无论是波兰共和国还是其他任何国家形式的波兰都将永远不会再生。"

于是乎，弗兰克命令全面摧毁波兰的一切塑像、纪念碑、圣殿、剧院和图书馆。波兰艺术家的作品要么被没收，要么被销毁。尽管弗兰克住在隐秘的克拉考城堡里，人们还是知道他经常用钢琴演奏肖邦的音乐来款待客人，而波兰人自己却被禁止聆听他们这位最负盛名的作曲家的作品。任何波兰人表现出爱国主义行为，如展示波兰国旗或吟唱波兰国歌，都有可能被处以死刑。

在一名德国监工的监视下，波兰妇女正把新收获的土豆倒进一辆车里。被没收的波兰农田并没有立即转交给德国殖民者，而是留给德国国防军士兵，供他们退役后使用。

一个波兰人看到一个德国人走上前来,如果不脱帽致意或站到路边让路,也有可能被枪决。孩子们发表反德国的言论也会被杀死。华沙一位名叫万达·德拉钦斯卡的办公室职员回忆说:"我们无时无刻都感到生命受到威胁。每次我们离开家,都不知道是否还能再回到家。"1940年初,在听说布拉格街头上张贴了大幅红色告示宣布处决了7名捷克人时,汉斯·弗兰克吹嘘说:"如果我要为每7个被枪杀的波兰人张贴告示的话,波兰的森林将无法为这类告示生产出足够的纸张。"

每个月都有成百上千的波兰人在逮捕和清洗运动中遭到杀戮。看到人们在街头上被枪杀已成了司空见惯的事。有些波兰人,如19岁的安娜·奥尔斯卡亲眼看见了更为惨烈的情景:"一天,我看到一名妇女手牵着一名年幼的孩子穿过马路。这时,一名党卫队分子突然走到她面前,抓着那孩子朝墙上扔去,当场结果了那孩子的性命。他还大声叫嚷道,'我们节省了一颗子弹!'许多年过去了,可我仍然忘不了那一情景。"

犯了过失罪被抓住但未被就地处决的波兰人被押上车,运往集中营,这样的集中营在德国占领下的波兰到处都是。到1940年年底时,仅由"大政府"建立的集中营至少有50处。这些罪恶的集中营早期的目的并不是为了流水线式的杀人,而是在食品和维持生活基本所需方面以尽可能小的投资从囚犯身上榨取奴隶式的劳动力。首次大规模的毒气杀人事件发生在1941年年末,然而早在那之前，集中营里的禁闭式生活也毫无疑义地导致许多人死亡。一名波兰天主教徒是 1940 年 6 月首批运往奥斯维辛集中营的 756 名囚犯之一，他后来估算说，波兰各集中营里囚犯的平均寿命是 3 周。设法活了更长时间的人往往被处死，其推断的理由是，他们一定偷吃了东西。最后，由于大量的波兰人被送往集中营，差不多每一个波兰家庭都有一名成员死在那儿或在那儿饱受折磨。

在纳粹统治波兰的头两年里，信奉基督教的波兰人比犹太人更有可能招致逮捕、放逐及死亡。在那期间，大多数犹太人被赶往犹太人聚居区，等待对他们命运的最后决定。到 1941 年 6 月，当入侵苏联的最后计划确定时，已有大约 3 万名犹太人死去——仅在华沙和罗兹的聚居区里就有大约 2 万名死于疾病和饥饿，剩余的死于劳动营或个人枪杀、街头屠杀和报复行动。但是，犹太人当时还没有成为有预谋、有系统的灭绝目标。"巴巴罗萨行动"（德国入侵苏联的行动代码）是德国对待犹太人政策的一个关键转折点。

在策划这次入侵行动时，希特勒向他手下的指挥官们反复强调，这次即将来临的战争不仅仅是两个国家之间的冲突，而是两种相互对立的世界观的殊死搏斗。在这一背景下，"犹太-布尔什维克"知识分子与苏联红军一样是面临的大敌。由于所有的犹太人都是这一阴谋的事实上的成员，所以，所有的犹太人都必须根除掉。

汉斯·弗兰克把总督府设在克拉科夫市，图中，他正站在办公桌后面接见在波兰服役的“铁血勋章”同党。这种勋章是纳粹党的最高荣誉，只有那些参加过1923年“慕尼黑啤酒馆暴动”的人才有资格佩戴。

党卫队将负责执行这一任务，他们将紧随作战部队进入苏联，对沦陷于德军铁蹄下的土地及其居民实施控制。另外，与德国正规军大相径庭的是，党卫队及其他警察部队实际上是跟随作战部队之后才到。被称作“先遣小组”的小巧而机动的部队负责剿灭刚刚攻占的土地上的不受欢迎的平民分子。为了最有效地执行这一计划，突然袭击是必不可少的；因此，实际上要求第一批“先遣小组”必须在前线采取行动。

在入侵前不到3个月时，希姆勒的得力助手、保安处长莱因哈德·海德里希会同国防部队军需主任埃杜阿德·瓦格纳，商讨如何保证军队和党卫队同时采取行动而又互不妨碍。3月26日，两人已制订出了一套独

特的合作计划草案。职能上（即考虑到他们所谓的特殊
职责），"先遣小组"应听从党卫队的命令。而在其他
方面，他们须服从军队的指挥。军队将负责控制他们的
行动，给他们提供营房、食品、汽油和通讯方面的援助。

　　按 A 到 D 的顺序分成 4 个"先遣小组"，每个小
组分别隶属于 4 支作战部队，一同沿着 1350 英里的战
线渗透到苏联境内。每个"先遣小组"大约一个营的兵
力。他们的总体实力也不是很多：大约 3000 人（还有
十来个女人）。然而，由于任务的特殊性，"先遣小组"
里军官与士兵的比例高于一般作战部队的比例。大体说
来，"先遣小组"的成员包括前线作战的党卫队、治安
警察和刑事警察。有些人被挑选进来，是因为他们在执
行其他任务时已经表现出非同一般的残忍和无情，许多
前线作战的党卫队成员是因为表现较差作为一种惩罚和
纪律处分的形式被安排进来的。另一方面，"先遣小
组"里的军官是根据不同的标准挑选的。海德里希需要
的领导必须具备聪明才智和组织纪律，而他在受过最好
教育的德国年轻一代的职业阶层中找到了这样的人。许
多人在平民生活中是当律师的；他们中间还包括一名医
生和一名职业歌唱家。大多数人是事业已经有成的、有
抱负的 30 多岁的年轻人。他们的个人背景中没有任何
东西表明他们具有反社会或犯罪的倾向。"先遣小组"D
组的指挥官奥托·欧伦多夫就是一个典型例子。34 岁
的他是一个公认的知识分子，一名身材高大、英俊的律

1941 年，犹太人奴隶劳工正在波兰的伊斯比卡火车站把弹药——一些用柳条包裹起来的炮弹——装到一辆卡车上。图中右上方的那枚小的金属徽章是位于捷克斯洛伐克的克拉兹沃奴隶劳动营中犹太人囚犯佩戴的一种徽章。

师，获得过经济学和法学的高级学位。几年后，他对自己的行为做出的道德解释是，历史上曾有这样的先例，如"三十年战争"中对吉卜赛人的屠杀。

随着6月22日入侵日期的接近，欧伦多夫和其他年轻的"先遣小组"指挥官们被找去谈话，给他们鼓励打气，并夸大他们即将采取的那些行动的合理性。在一次简会上，希姆莱亲自给军官们训话，强调他们的工作对消灭犹太人的重要性。同时，"帝国中央安全办公室"的人事主管布鲁诺·斯特雷肯巴赫在给各级军官讲话时，怂恿他们要残酷无情地进行他们的工作。尽管这样，有关"先遣小组"职责的确切性质的各项讨论仍然说得比较含蓄，有关这些特别行动小组到底应该做些什么，即使在党卫队内部的上层人物中仍然还有悬而未决的余地。最后，在柏林举行的一次有大约50名党卫队领袖人物出席的会议上，一名"盖世太保"军官直截了当地问海德里希："我们应该枪杀犹太人吗？"

海德里希冷静地回答道，"那当然。"

当"巴巴罗萨行动"开始时，有500万犹太人居住在苏联，其中大多数集中在当年夏天德国"闪电战"攻占的西部地区。随着战线的日益推进，更多的犹太人不知不觉地落入了德军的控制之中。

为了更有效地发现并清洗犹太人，"先遣小组"被分成若干个称作"先遣行动"的小分队，每个小分队的兵力大致相当于军队的一个连。这些小分队通常与

在苏联的格罗德诺，一名党卫队士兵正在向一群准备被驱逐的犹太人大声叫嚷着口令。纳粹杀人部队随同德国军队于1941年开进俄国后大肆捕杀犹太人，那些暂时逃过一死的犹太人被集中起来居住，等待着以后的屠杀。

正规军协同作战，进入某个城镇后便开始包围平民目标——犹太人和共产党领袖——抓捕行动是根据当地奸细提供的情报和军队情报部门事先准备的名单进行的。

一旦把这些遭受迫害的目标集中起来后，便把他们赶到当地人看不见的某个地方执行枪决。几百人至几千人的犹太人小社区在一天之内便可屠杀干净。在大一些的城镇，如立陶宛的维尔纳，犹太人有 57000 名，这些犹太人首先不分青红皂白地被赶到临时的聚居区，然后再把他们分成小组，一批一批地带到行刑地点。那些因某种原因逃过了第一波快速屠杀行动的人往往遭到接踵而来的对被占领土进行管制的党卫队清扫队的清洗。

在许多地方，德国人的这种肮脏勾当都得到了当地反闪米特人的帮助，他们不仅帮助德国人围捕犹太人，而且非常积极地参与屠杀。当"先遣小组"A的一个连队到达立陶宛的考纳斯时，当地的党徒正在与苏联红军作战。当苏联人撤走后，德军指挥官劝说立陶宛的地方长官帮忙围剿犹太人。党徒们做出非常狂热的回应，仅在几天之内，他们就杀死了大约5000名犹太人。在波罗的海沿岸国家和乌克兰的许多地区，当地警察和民兵组织成群地加入"先遣行动"小分队，充当谋杀的帮凶。

快速的推进和突然袭击使犹太人防不胜防。他们在毫无准备、没有武装的情况下被突然包围，无法进行有效的抵抗。此外，至少在这次行动的开头几周，犹太人不仅被这种攻击的残忍性吓呆了，而且震惊于德国人竟然干出这种事情。历史上，俄罗斯的犹太人一直认为，与他们自己所居住的这片土地上的中世纪式的宗教仇恨相比，德国是文化和文明的圣地。结果，许多没有疑心的犹太人——尤其是那些老年人，他们还温馨地记得一次大战期间德国人占领他们的国家时所表现出的礼节和文明——实际上还期待着德国人的到来。

一名德国情报官员在7月份报告说："犹太人在很大程度上根本不知道我们对待他们的态度。他们不知道犹太人在德国所受的遭遇，也不知道因同样原因犹太人在华沙的遭遇。他们以为只要他们管好自己的事，埋头努力地工作，我们就会让他们安宁地生活。"在很多情况下，"先遣小组"很快利用了这一心理态度愚弄犹太人，直到最后一分钟才原形毕露。有时，当他们进入某个小镇或村子时，他们会与当地的犹太领袖"拉比"取得联系，礼貌地请求犹太志愿者从事某些种类的工作。然后，他们就把这些自愿工作者赶到另一个地方杀掉，再回来骗走更多的人。

多数情况下，是把犹太人先赶往一个集中点，然后分批带到屠杀场，一次带走一小批人。德军士兵接受过训练，要求保持镇静自若，不要让他们的遇害者感到恐慌。在屠杀场，事先挖好了坟墓。有时，一个炸弹坑或反坦克沟渠也可用作墓地。更为经常的是把铁锹发给犹太人，要他们去挖坑。当坑挖好后，命令这些即将遇害的人交出身上的钱、手表和其他贵重物品。然后，命令他们排成队形站在墓坑边。在即将射击之前，命令他们脱光衣服——这既是为了窃取他们的衣物，也是为了进一步剥夺他们的反抗意志。

然而，还是有人在徒劳地反抗。在平斯克附近的扎格罗德斯基的一次大屠杀中神奇般地幸存下来的丽芙卡·约瑟勒夫斯卡回忆说："我的父亲不想脱下衣服。他不想裸露着身子站在那儿。那帮人强行脱掉他的衣服，然后一枪杀了他。"在接下来的几分钟里，僵直站着的丽芙卡双手搂抱着她的女儿，看着全家人一一死去。首先是她的母亲，然后是她那80岁的祖母和她牵着手的两个孩子。再接下来是她的姑妈，怀里也搂着孩子。然后是丽芙卡的两个姐姐，最后轮到她自己。"一个德国兵从我怀里夺走孩子。孩子大声哭叫着，但马上就被打死了。然后他把枪瞄准我。他用左轮手枪瞄准我，命令我看着枪，然后转过我的头，朝我开了枪。然后我倒进了墓坑的尸体堆里。"头部受伤的丽芙卡装死，等德军离开后，她爬走了。

一些指挥官不赞同采用单个射击法。奥托·欧伦多夫坚持认为应该在一定距离外集体开火，这样可以保护他的手下人在今后遭到可能性的指控时不必为任何个体的死亡承担个人责任。同样，欧伦多夫也担心这种行为对他的部下造成的心理影响。他经常督阵屠杀行动，目的是为了保证屠杀行动是按正确的军事方式进行的。否则的话，正如他的副官海因兹·舒伯特所解释的："对于行刑官来说，心理负担太大太重了。"

并非所有的谋杀行动都是以这种德国式的效率和调度方式完成的，尤其是在当地警察或民兵有权以自己的方式对付犹太人的地区。党卫队中士费力克斯·兰道在7月28日的日记里描述了他那天驾车去德罗戈比奇市监狱时一路所见到的情景，他发现整个城市变成了屠宰场。"街道上充满了血腥味。成百上千的犹太人，有脸上淌着血的，有脑袋上带着枪眼的，有缺胳膊少腿的，有眼珠鼓出来的，在我们的前面奔跑着。其中一个犹太人抱着另外一个快要流血致死的犹太人。我们开着车前往监狱。在这里，我们看到了以前从未见到过的景象，简直无法用语言描述。两名士兵站在监狱的入口处，手中挥舞着拳头般粗细的棍棒,毫不留情地朝人群中抽打。

他们要把犹太人从里面往外面赶。浑身血迹的犹太人一个又一个地倒下。我们站在一旁观看。"

在远离这些屠杀现场的柏林，海德里希从他的"先遣小组"军官那儿收到的只是血迹已干的战地报告：1941 年 9 月 25 日的 RSHV IV-A-1 苏联第 94 号"行动报告"报道说，在立陶宛屠杀了 75000 人，作为对犹太人反抗的回敬；1941 年 8 月 20 日的 RSHV IV-A-1 苏联第 58 号"行动报告"详细报道了在平斯克屠杀的 4500 名犹太人是为了当地的一位民兵之死而采取的报复行动。然而，尽管这些报道显得有些乏味和官僚气，它们却揭示了这一事实，在德国入侵苏联的开头 5 周里，在这片新征服的土地上杀戮的犹太人数目超过了纳粹政

1941 年 6 月 28 日，德国人在占领立陶宛的考纳斯市后 4 天，便在该市的大街上开始了血腥屠杀。在侵略者的怂恿下，立陶宛警察和一群被释放的犯人用铁棒把几百名犹太人活活打死。

权在以往所有年份里杀戮的犹太人总数。8月1日，海德里希给希姆莱写道："可以有把握地推测到，今后在征服得来的东部土地上将不再会有犹太人。"

不久之后，希姆莱决定亲自去看看是什么样的情况。在参谋长卡尔·沃尔夫将军的陪同下，他参观了设在明斯克的党卫队行动中心，在那儿，专门给他安排了一次小规模的屠杀展示。100名俘虏被带到一处开阔的墓坑，命令他们一次跳进去几个，脸朝下躺着。然后从上面依次朝他们开枪。根据沃尔夫的说法，"以前从未见过死人的"希姆莱为了看得更清楚，走到墓坑边看枪杀。沃尔夫回忆说："当希姆莱朝墓坑里看时，脑浆溅洒在他的衣服上，我想也一定溅洒到了他的脸上。他的脸色发青、变白。他并不是病了，但他喘着粗气，转过身后身体在发抖。"沃尔夫跳上前去扶着他，把他引到旁边。

待恢复镇静后，希姆莱把射击队召集到身边，作了一次讲话。他说，大家无疑已经注意到，他刚才所看到的那一幕对他有多深的影响。他的灵魂深处得到了唤醒。他继续说道，那是很可恶的一件事，如果德国人很高兴地做出这种事来，他并不欣赏。但他同时又强调，大家是在按照一项更高的法律履行职责。他鼓励大家把自然看作是一个不断战斗的法则。他解释说，弱者必须被压制下去。人类必须确定什么是有害的，以便保护自己。害虫必须被消灭掉。

后来，希姆莱私下里对他的指挥官们说起要发明一种少一点精神折磨的杀人方法，用以取代枪杀。他的这一要求马上有了结果，那便是在实验中用炸药炸死俘虏。很明显，这种方法注定不会让人接受，不久，RSHV 的技术部有了一种成功率高得多的方法——毒气车。把大型卡车改装一下，内部密封起来，然后朝里面注入有毒的一氧化碳废气。1941 年，每个“先遣小组”配备了两辆这样的移动式杀人装置，其余的调拨到波兰。然而，尽管非常有效，毒气车有一个很人的缺陷：容积太小。平均一辆车杀死的人还不到 50 人——这对于每天在东欧进行的大规模集体谋杀行动以及柏林正在考虑的今后更大规模的屠杀行动都是不够的。

就暂时而言，最实用的屠杀方法仍然是把受害者分成小组，每次一小批地把他们驱赶到浸满鲜血的沟壑谷地，用子弹把他们打死。如果组织得好的话，这的确是一种非常有效的方法，这很快在基辅市郊外的一个被称作“老妇人沟地”的天然深谷里得到了印证。

9 月中旬，德军攻占了苏联第三大城市基辅。胜利者们不失时机地把该市的犹太居民召集起来。攻下这座城市的德军装甲师马上撤出，继续朝着下一个目标莫斯科进发。德国党卫队在乌克兰警察的协作下，接管了该市的政府。不到两周之后，即 9 月 28 日，一则用俄文、乌克兰文和德文印刷的简短告示出现在建筑物、树干和篱笆桩上。告示命令基辅城及其郊区的所有犹太人务必

于次日赶到城外离一个火车站不远的犹太人公墓。告示
的意思是要犹太人去那儿准备移民安置。

第二天早晨，犹太人都出来了，很多人天不亮就
离开了家，为的是早一点上火车，以便有座位坐。早上
不到7点，通向公墓的各条街道上挤满了拿着大包小包、
推着人力车或婴儿车的人。

拥挤的人群走动得太慢了，那些天刚亮就起程的

1942年10月，乌克兰的米索茨村的一群犹太妇女和孩子赤身裸体地被赶进她们的集体坟墓（见上图）。一名乌克兰警察自愿加入大屠杀行动，他正用枪瞄准还在蠕动的遇害者尸体（见右图）。在这一个月里，德国占领下的苏联地区有8万多人死在了这样的万人坑里。

人直到下午才赶到公墓。快走近公墓时，人们就能听到机枪开火的声音。人群开始变得不安起来，但是很少有人相信这是德国人在用机枪集体屠杀无辜的平民。甚至当人们走进了公墓大门、被命令把行李放下时——衣服背包放左边，食物放右边——他们还在相互安慰，等到达目的地后，行李车会把他们的东西运来，然后分拣给他们。但是，不见有火车开来。这些两手空空的犹太人现在被分成10人小组，每次送过去一个小组。

当分成小组的人们快走近他们仍不知晓的目的地时，只见道路两旁的德军士兵越来越多，士兵肩挨肩地站在那儿，形成了一个约莫5英尺宽的通道。这些士兵衣袖挽得高高的，手里拿着粗短的橡皮警棍或木棍，口

中不停地叫嚷着"快点！快点！"无情的棍棒雨点般地击打过来，人群的哭喊声、嚎叫声混杂着士兵们的呵斥声和狗的狂吠声，形成一幕令人恐怖的景象。

一些犹太人倒下了，躺在地上被人践踏。剩余的人踉跄地走进一片到处都是乌克兰警察的开阔地，这些警察抓住犹太人，命令他们脱掉衣服。稍有犹豫的人立刻遭到拳打脚踢或棒击，被强行脱光衣服。然后，裸露着身子的人们被分成小组，穿过一个狭窄的谷地，被带到一处土岸边，在那里，机枪不断地吐出火舌，射向人群。

除了女人们紧紧抱住自己的孩子或试图帮助孩子们脱衣服时耽误一点时间外，整个行动进展迅速。偶尔会有一名德军士兵或乌克兰警察很不耐烦地从母亲怀中夺过孩子，然后把孩子抛扔到土岸边。

有大约50人被允许站在一处小山坡上观看这一令人发指的惨景，他们设法说服了卫兵，说自己不是犹太人，只是很偶然地被抓进了人群。当天色渐晚、当天的屠杀行动快要结束时，一辆敞篷汽车载着一名高大的、穿着很考究的德国军官驶入了这片开阔地。他看了一眼小山坡上那些围观的人群，突然说道："杀了他们！那些人只要有一个走掉，我们明天就抓不到一个犹太人。"卫兵们马上奉命，迅速把那群人赶进谷地，不愿多花时间叫他们脱下衣服。

这群人被赶到一处深沟的边缘上。不久前，在谷地靠悬崖的底部刚挖掘了一条狭长的深沟。在悬崖的正

1941年8月，党卫队队长海因里希·希姆莱在东部前线视察期间，拜访了一个被毁的苏联村庄，并会见了一些村民，但他没有给这些人一点同情。希姆莱后来在提到这些"次等的"斯拉夫人时说："替这些人担忧，那就是对我们自己的民族犯罪。"

对面架设着一排机枪。这群人被引到深沟边，深沟的底部就是密如地毯的、血迹斑斑的裸露尸体。

开枪的命令正要发出之时，迪娜·米罗诺夫娜·普罗尼谢娃——基辅市木偶剧院的一位女演员和两个孩子的母亲，不顾一切地想要保住自己的命。在子弹射出前的一瞬间，她朝沟底倒下去，直接躲藏到尸体堆里。她后来回忆说，她当时跳进尸体堆里时，感觉就好像掉进了一个温暖的血液海洋中。浓浓的、黏乎乎的血液喷洒在她的身上，她一动不动地躺着，眼睛闭着，双臂朝外伸展着。在她身体的下边和四周，她感觉到不停的起伏波动。许多遇害者还活着，所以整个尸体堆都在轻微地颤动，然后随着颤动变得越来越深、越来越紧。

士兵们打着手电照进微暗的墓坑，一旦发现任何活着的迹象便用手枪点射。有些士兵还跳进墓坑，踩着尸体，对着任何蠕动的东西开枪。一名党卫队士兵踩在了迪娜的身上，翻转她的身体仔细看了一眼，然后又放下了她，狠狠地踢了她一脚，踩在她的手上转身离开了。

然后，德国人爬出了墓坑。几分钟后，听到一声"铲土"的命令和沙土铺盖尸体的声音。当沙土在她四周越填越多时，普罗尼谢娃仍然躺着不动。最后，当沙土开始涌入她的嘴里，她把身子蜷曲起来，慢慢朝着深沟的壁头边移动，然后在夜幕的掩护下静静地爬了出来。与她一同幸存下来的还有一个人，一个也设法从墓坑里爬出来的男孩（只是几个小时后，他又被发现，然后被枪杀了）。活下来的迪娜·普罗尼谢娃把这一骇人听闻的事件告诉了世人。在那一天及第二天，有33771人死在了"老妇人沟地"。

德国人千方百计想要守住这些大屠杀的秘密，从不公开宣扬，禁止参与的士兵和其他人谈论这些事情。甚至到了1942年2月，莱因哈德·海德里希还在对一群战区指挥官得意地说，对犹太人的灭绝行为一直进展顺利，本地人几乎未察觉发生了什么。

然而，到了那时，在被占领的东欧地区，不可能

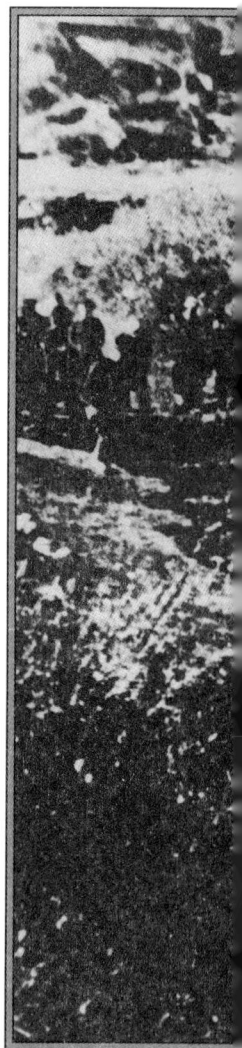

德国人正观看着"老妇人谷地"的死者尸体。在两年的占领时期,纳粹分子在这里屠杀了大约 20 万俄罗斯人。1943 年 8 月,德国人拆毁犹太人的墓地,用墓地里的花岗岩墓碑修建焚尸炉,然后,把"老妇人谷地"里正在腐烂的尸体又重新挖出来,全部焚烧掉。

没有人没有注意到所发生的一切。村民们看着犹太人被成群赶走，然后听到附近树林里和田地里阵阵枪声，这事实再明显不过了。在许多地方，党卫队招收当地人帮忙，那些参与其事的当地警察和民兵自然会把这些事告诉自己的亲人和邻居。有时候，大屠杀还会出现一两位神奇的幸存者，就像里夫卡·约瑟尔夫斯卡或迪娜·普罗尼谢娃那样。

此外，尽管有官方的保密政策，对犹太人的屠杀成了军队中轰动一时的大事。除非需要具体参与帮忙，普通士兵是不得进入屠杀地点的，然而，仍然有成百上千的士兵悄悄溜到一旁观看枪杀。事实上，他们不仅仅是观看，他们还拍照，写信，谈论。这些新闻不可避免地流传到整个占领区，并开始传回到德国。

军队试图阻止情报的流失，但徒劳无益。人们一旦知道此事，他们就无法守住秘密。此前就有过这样的计划，犹太人的村庄要袭击，要铲除，但是，从来没有谁曾经看到过或听说过类似于此时此刻正发生的如此有条理、有系统的种族灭绝行径。

在对居住在白俄罗斯玻里佐夫城的所有犹太人进行屠杀之前不久，一名驻扎在那儿的德国人对一群俄罗斯人说："让他们消失吧；他们给我们带来了很多危害。"他说这话时显得轻松愉快，表达出一种普遍的情绪。但是，第二天早晨，当犹太人被集体赶走时，全城人好像震惊不已。"是谁命令干的这种事？"他们悄悄议论道，

"这些可怜的犹太人到底做了什么？怎么可能一次就杀掉所有的 6500 名犹太人？"

在以后的几个月里，玻里佐夫城的德国人看出，本地人开始时的那种恐惧和不信任感逐渐转变为一股神秘、预兆、梦呓和迷信的浪潮。人们翻出《圣经》，希望从中找到能解释犹太人遭受这灭顶之灾的预言——也想找到与他们自己命运相关的线索。他们不禁自问道："什么时候这会轮到我们？"在基辅，人们从一首阴郁的、滑稽诙谐的歌谣中找到了答案："犹太人完蛋了，吉卜赛人也完蛋了；接下来是乌克兰人，然后就轮到你了。"

德国人的野蛮行径不久就到来了。被占领土被分成两大责任区域："军事行动区"（战斗仍然还在进行的地区）和"军事管制区"。后者获得一种平民化的管理，其相应的新机构叫作"帝国东部占领区管理部"，由纳粹党理论家阿尔弗雷德·罗森堡负责领导。整个占领区由两部分组成：包含波罗的海沿岸国家和白俄罗斯在内的"奥斯特兰"和由乌克兰本地区及波兰东部地区构成的"乌克兰"。（波兰的"大政府"被肢解，直接归属于纳粹帝国，其土地由德国人居住。）

这些地区的人民的命运在很大程度上取决于纳粹对某地种族地位的理念。就种族成分而言，爱沙尼亚人被认作是德意志血统；拉脱维亚人和立陶宛人具有部分德意志血统。总之，这意味着他们可以保住性命。在苏

联其他地方，当地人毫不含糊地被视为次等民族，因此
必须根据"生存空间"的设计蓝图，要么逐放到苏联的
亚洲地区，要么沦为奴隶，要么斩尽杀绝。

4000万乌克兰人——由于如此痛恨俄罗斯人和苏
联人对他们的迫害，他们是捧着鲜花、弹着巴拉莱卡琴
欢迎德国军人到来的——但不久，他们也成了纳粹残
酷政策的目标。他们的肥沃土地——号称苏联的面包
篮和重要工业中心——成了"生存空间"计划最想要
得到的一块领土。希特勒称之为"这块大蛋糕"，而且
他并不打算与那些被他视为"奴隶、次等人和猿猴"的
人分享这块蛋糕。

希特勒挑选埃里克·柯赫负责管理乌克兰。柯赫
好像非常适合干这一行，他于1941年9月曾对他的下
属们说："我是一只有名的凶残的狗。这是我为什么能
被选为帝国长官的原因。我们的任务是从乌克兰夺取我
们所能夺到的一切东西，而不要考虑乌克兰人的感情或
财产。我希望你们要以最大的残忍性对待那些本地人。"

柯赫是按照一套预定计划来对乌克兰实施压榨和
人口清除的。根据这项计划，首先将干掉这一地区的犹
太人和吉卜赛人，然后，通过人为造成的饥荒、大规模
的放逐和稍有反抗就实施屠杀等手段进一步剿灭这一地
区的剩余人口。

冷漠无情的人为饥荒是在1941年11月的一次会
议上决定实施的。当时，决定对乌克兰所有大城市以及

已经遭受战时食品短缺的地区断绝食品供应。这些供应品被分流到纳粹帝国和作战的德国军队，而为此付出代价的是犹太人和乌克兰各大城市的居民（那次纳粹会议的官方报告把他们称作"过剩的吃饭人"）。

到了这个时候，乌克兰已像早先的波兰一样，笼罩在一片朝不保夕的恐怖之中。像在波兰一样，没有人敢保证自己能逃过突如其来的死亡。吉卜赛人跟犹太人一样立即遭到灭绝，黑头发、黑肤色的人也都生活在恐惧之中。一名乌克兰人回忆说："纳粹分子就像狩猎一样追逐着吉卜赛人。"

10月22日，基辅市街头张贴了一张告示，说有100名居民因蓄意破坏行为遭到报复被枪杀。11月2日，该市军事指挥长官弗里德里希·埃伯哈特上将谈到纵火和蓄意破坏的后果，颁布了一项命令，宣称若下次再出现类似事件，将枪杀300名人质。到了当月月底，被枪杀的人数增加到了400。

除了这类命令，还有大量的指示，都涉及各种各样的违反行为，包括不愿上交毛毡靴子、不愿告发犹太人等。违反了哪怕是最轻微的规定，也有可能意味着立即枪决。违反宵禁令的人就地枪决，尸体就留在人行道上。10月26日，好几个养鸽人被处死，原因是他们那天早上未能看到海报，从而不知道有一项要求他们毁灭鸽群的命令。

在这一不幸事件传开之后，人们每天谈论的第一

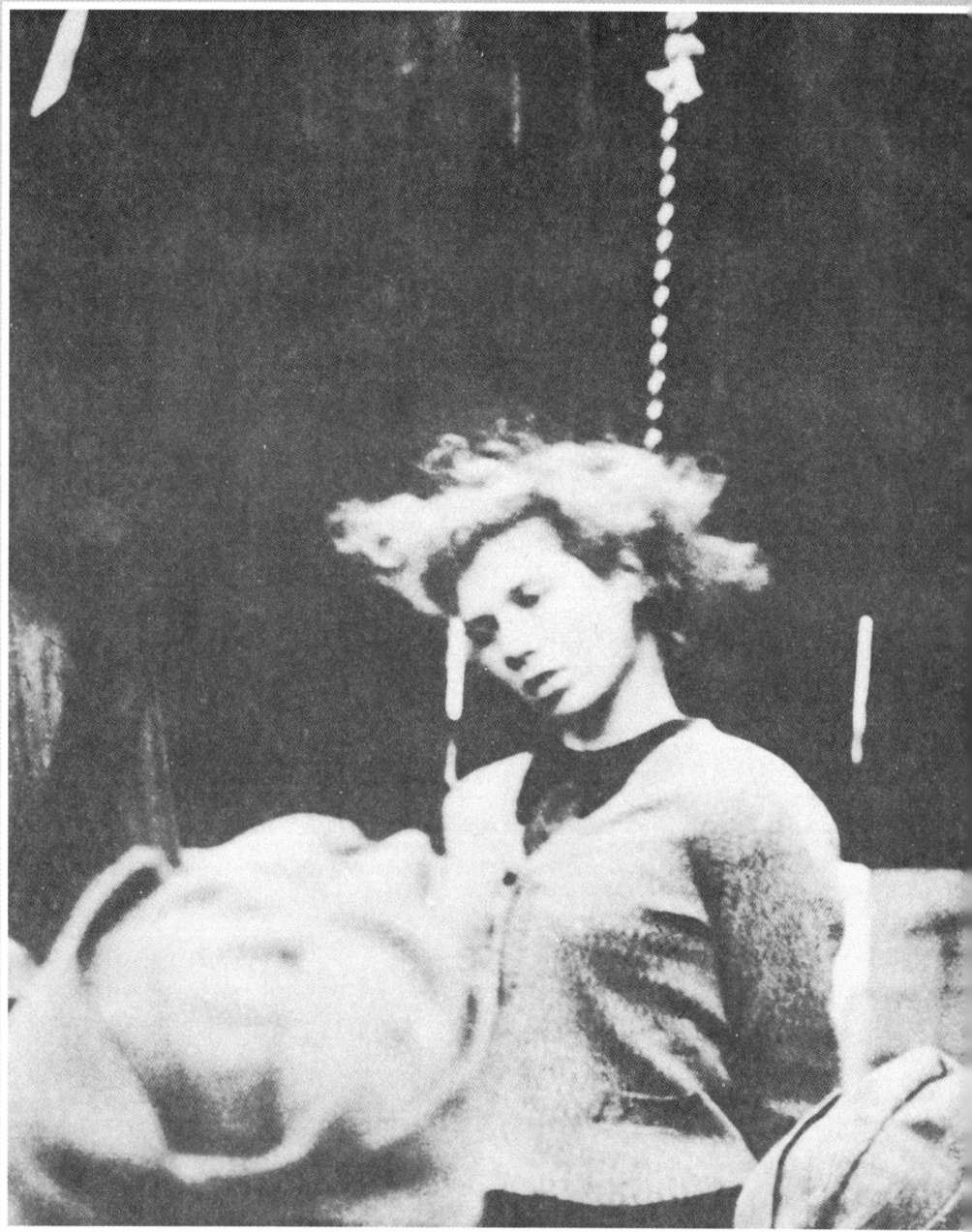

　　1941 年，两名白俄罗斯人因被指控枪杀了德国人而在明斯克市被绞死。德国人经常以所谓的反抗活动为借口，任意处死平民。希特勒对此的评价是："这给了我们一个机会，可以处死任何反对我们的人。"

个话题便是："又有什么最新的命令？"但是，在出现一次反德国人的行动之后，即便是最小心谨慎地循规守法的乌克兰人也难免被抓——半夜里从家里被拖走，或城区的某一段突然间被包围起来——等着报复的党卫队前来抓捕所需要的牺牲品以凑够人数。

在被占领区的乌克兰和其他地方，身强力壮的男男女女用船运送到德国，进行强制性劳动。到 1942 年夏季时，已有 100 多万苏联平民沦为奴隶。其他奴隶劳动力来源于 570 万苏联战俘，这是除犹太人之外成为纳粹牺牲品的最大的单一群体。

1942 年 5 月，当东部的屠杀还在有增无减地继续进行时，希姆莱手下的党卫队策划者们在柏林着手起草一份蓝图，把德国人安置在本地居民已被清除的那些土地上。根据"东部总计划"，俄罗斯的欧洲部分将被大批先期到达的德国人殖民化。在长期的殖民过程中（估计要跨越好几代人），军事据点将保护德国人聚居区免遭任何来自本地人的敌对行为。为了保证有一支强有力的开拓者队伍，战场上下来的退伍军人将有优先权成为殖民者。

少数斯拉夫人将被允许留在殖民化地区，以作为廉价劳动力的来源。然而，不允许他们中的任何人拥有土地或资本。其余的斯拉夫人将被赶到乌拉尔山脉以东的西伯利亚地区和中亚一带。希姆莱认识到，这些被强制放逐的人将对他的那些殖民开拓者构成威胁，不过他

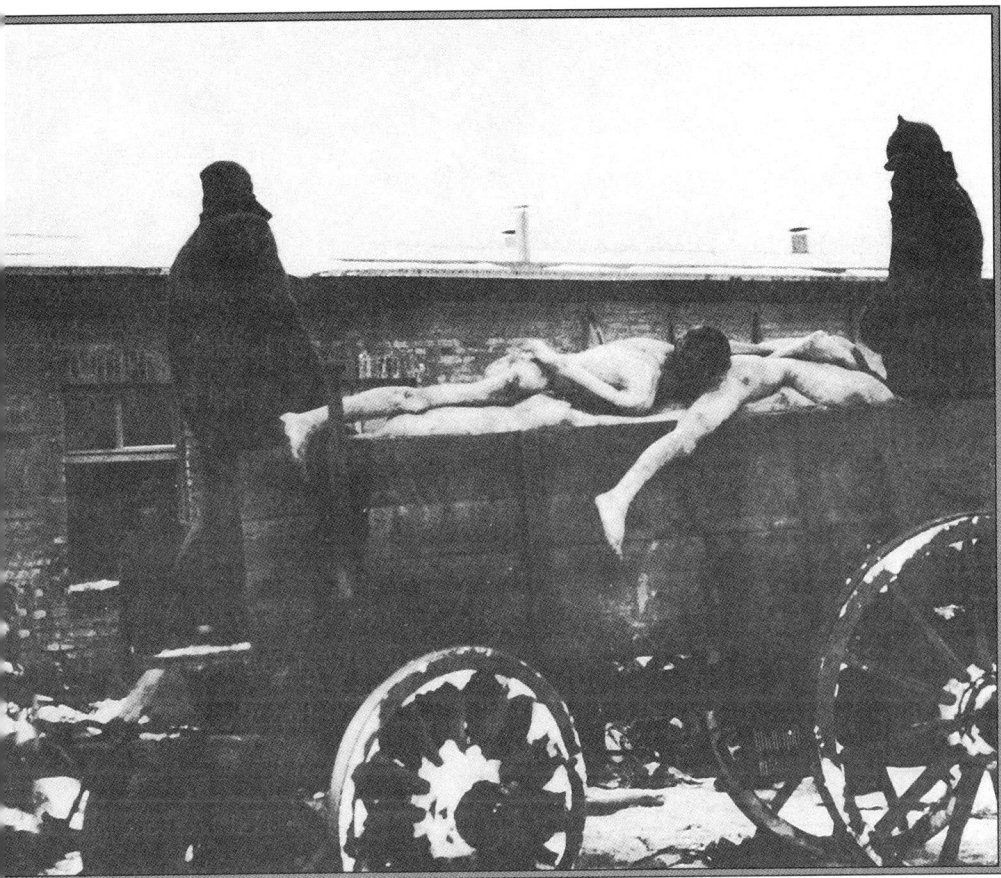

1941 年至 1942 年的隆冬，苏联战俘在一个战俘拘留营里正把一丝不挂的、自己同伴的尸体往一辆车上堆放。在战争期间被俘的苏联军人中，有 300 多万人要么在被抓住后因寒冷、疾病和饥饿而死去，要么就被党卫队直接杀死。

也看到，这并不是一件坏事。他愉快地预言道："东部持久永存的军事前线将使我们永远保持年轻。"

东部那个奇异的帝国从来没有成为现实。可以理解的是，那些有可能成为殖民者的德国人不愿意再向东部移居，因为在那儿，两支大军还在进行一场规模浩大的战争；"东部总计划"暂时被搁置起来。最接近取得成果的事情是，在克拉科夫－基辅沿线和敖德萨－列宁格勒沿线建立了几处德国人聚居区，以保护对战争来说至关重要的输送线。

尽管如此，各种奇异怪诞的殖民计划和残酷无情的屠杀行径却一直在继续，直到战争结束为止。当战争完全结束时，估计有1300万东欧人牺牲在纳粹法西斯的血腥祭坛上。仅仅在乌克兰，就有400万非战斗人员（包括约近90万犹太人）被杀。基辅战前有90万人口，一半多消失无影了；其中有15万到20万的人在"老妇人沟地"被屠杀。其他无以数计的人被活活饿死，或被驱逐到德国，许多人再也没有回来。在白俄罗斯，估计有230万平民——总人口中每4人就有1人——被杀；200座城镇、9200个村庄被毁灭。

在波兰，最终统计的死亡人数是600万——波兰总人口的22%。大约一半遇害者是基督徒，另一半是犹太人。屠杀风暴吞没了一半多的受过教育的波兰人，其中包括45%的医生、57%的律师、40%的教授。有2600多名牧师被杀；波兰的新闻记者几乎全给灭绝了。

在德国人从基辅被赶出去之后，住在该市外面一座小镇的14岁的阿纳托利·库日内索夫同一位朋友去"老妇人沟地"，那里曾经是他俩以及其他许多孩子玩耍过的地方。有两年时间，那个地方一直用带电的铁丝网围着，日复一日地可以听到那里面回响着机枪的声音。1943年，有3个星期的时间，黑色的浓烟笼罩着那片谷地。据说，那是德国人为了毁尸灭证，把那万人坑的所有尸体挖出来，像堆放木头一样，堆在一起全部烧毁。

两个孩子一路走到谷地底部的一条小溪边，他们曾在那儿戏水、玩耍过石头，但现在他们注意到有了变化。以前，河床全是清一色的细沙，而现在，到处都是白色的鹅卵石。

阿纳托利俯下身捡起一块鹅卵石。那根本就不是一块鹅卵石，而是一块烧过的骨头，有指头那么大，顶部是白的，底部是黑的。两个孩子循着小溪走到源头，看到一片沙地，有水从地下冒出来，便把骨头洗净。他俩继续往前走，一直走到一个出现了灰色细沙的地方。阿纳托利回忆说："突然，我们意识到我们正走在死人骨灰上。"附近不远处，一段弯曲的沙岸边，一片花岗岩裸露在地表外，上面有厚达 10 英寸的地层，看上去就像煤层的纹路。3 个大约 8 岁的牧羊男童趁羊群在一旁吃草的时候，在那煤炭似的东西上凿削个不停，捣碎花岗岩上的块状物。其中一个男孩把手伸进口袋里，摸出一个他自己找到的烧得熔化过半的金戒指。阿纳托利说，"我捡了一块重约五磅的块状物，带回家保存着。那是许多人全部混合在一起的骨灰。"

年轻的阿纳托利非常清楚，只是因为幸运，他自己的骨灰才没有融在其中。按照德军占领时期各种各样的规定，他有很多次都有可能被杀。好些年过去之后，他曾坐下来把他有可能被杀的次数列了一张单子。他有

20次犯的是重罪，其中包括没有告发犹太人（舒尔卡是他自孩提时代就在一块儿玩的、一个半犹太血统的男孩，但他没有供出这位好伙伴）、违反宵禁令、抱有反德情绪、拥有一双毛毡靴子。此外，在接到搬出居住地的命令之后，他和他母亲在自己的家中还躲藏了40天。因为这一点，阿纳托利在满14岁之前，还有40多次也差一点儿被枪杀。

"我做这一切时，我并不是一个共产党员、共产主义青年团员或地下工作者。我也不是犹太人、吉卜赛人或一个人质。我没有发表过任何言论，也没有鸽子或收音机。我只是一个非常普通、非常平凡、戴着帽子的小孩。但是，按照他们的规定，我没有生存的权利。"

一名纳粹得力干将
的死亡

莱因哈德·海德里希通过各种手段谋取了纳粹帝国驻波希米亚和莫拉维亚护国主的职位，从而使他抛下了一件让他一直苦恼的心事，在权力上超过了他那位党卫队上司、生性多疑的海因里希·希姆莱。这一职位也使他的命运与被占的捷克斯洛伐克的千百万人的命运捆在了一起。他于1941年秋初到达布拉格，把他的总部设在赫拉德卡尼城堡，该城堡是波希米亚的皇宫，拥有著名的、以温塞斯拉公爵名字命名的宝石皇冠。

"我的工作任务，"海德里希声称说，"是要教导捷克人不要否认他们与纳粹帝国之间关系的现实，也不要不服从帝国的各项命令。"在他到达后24小时内，便签署了一些死亡执行书；在两个月内，他已逮捕4000人，枪杀了其中的400人。

作为事业的一个步骤，这位护国主给希特勒的集中营系统工程设计师们提供了一次使一大片新领土纳粹化的机会。海德里希明目张胆地加强自己的权力地位，他仍然保留着对颇有实权的"帝国中央安全办公室"和"东部工作小组"的领导，为此，他经常往返穿梭于布拉格和柏林之间，为彻底解决方案的准备工作发挥着他的作用。

海德里希还起草计划，夺取捷克的资源，以支持德国对苏联的作战。他在就职后不久的一次讲话中曾宣称："我需要这一地区保持安静，这样，捷克的工人就会为德国的战争机器充分发挥出他们的能力。"

他采用"皮鞭加蔗糖"的政策来保证经济的秩序。对于政治犯，他一枪杀了事，而对于经济犯罪分子——囤积居奇者、黑市走私者——他更注意一些，把他们公开绞死。在400个最早被他判处死刑的人当中，诈骗犯要比前捷克军官多得多，肉店老板也比知识分子要多两倍。同时，他还通过提高产业工人的抚恤金、增加他们的配给额、把豪华宾馆向普通劳动者开放等手段鼓励生产。具有讽刺意味的是，正是因为担心海德里希的计划取得成功，才促使居住在英国的捷克人组织了一次暗杀他的冒险行动。

神情庄严的莱因哈德·海德里希在布拉格的9世纪时修建的赫拉德卡尼城堡的庭院里行纳粹礼。站在他右边的是党卫队中将卡尔—赫尔曼·弗兰克，他为海德里希的欲使整个捷克斯洛伐克德意志化的计划打下了基础工作。

致命的
安全感

"我的那些捷克人为什么要射杀我？"海德里希怒气冲冲地说，并指责纳粹的武装安全不得力。然而，这位护国主可能不知道，他每天都很有规律地要从位于布拉格市以北15英里的那座城堡里出来，这一情况早已被英国训练的特工人员约瑟夫·加毕克和扬·库比斯注意到，他们是在1941年12月份通过降落伞进入自己的国家的。

经过几个月的侦察，这两名特工人员计划于1942年5月27日上午实施谋杀行动。他们安排一名瞭望员，当海德里希的"奔驰"车开过来时，他便发出信号，而他们自己在一个街车车站旁等着。加毕克用雨衣裹着一支轻机枪，库比斯在公文包里放着手榴弹。

上午10点30分，海德里希的车开过来了。他看见加毕克正端着一挺机枪瞄准自己——枪卡住了，没有射出子弹来。但库比斯的手榴弹投在汽车的右后轮上爆炸了。在街上行人的一片尖叫声中，海德里希拖着身子从汽车里爬出来，掏出手枪，朝正在逃跑的特工人员开枪。但仅几分钟内，他倒下了。他的司机，一位名叫克莱因的党卫队中士，驾车追赶那两名捷克人，但未追上。加毕克徒步逃脱了，库比斯骑自行车跑了。

这是海德里希（中）最后几次正式露面中的一次，他前来视察一列他准备送给希特勒作为生日礼物的医务火车。站在汽车方向盘后的是他的司机。

在这张新闻图片中，德国的安全与犯罪警察正在暗杀现场寻找破案线索（上图）。暗杀者选择这段盘山路的转弯处，是因为这段坡路会让海德里希的汽车减速慢行，而且附近的街车车站给暗杀者袭击时提供了一个屏障。右图中瘪气的轮胎和打烂的侧面挡泥板显示出海德里希这辆暗绿色"奔驰"320型车损坏的程度。手榴弹也在后座边炸开了一个口子。

海德里希的覆盖着旗帜的灵柩被安放在一尊大炮的基座上，在纳粹官员和国
防军将士的护送下正缓缓离开赫拉德卡尼城堡。在大楼的拱形雕花铁门下，党卫
队队长希姆莱正与海德里希的两个未成年儿子站在一起。

献给
"一位意志刚强者"
的颂词

"海德里希是因为这些捷克人而遭暗杀的！"希特勒在得知他这位代表遭到袭击时气愤地这样大声吼道。元首命令整个捷克马上处于围捕状态，悬赏100万马克捉拿暗杀者，并发誓要杀掉1万名捷克人。几天之内，因表示赞同这次袭击行动，有13119人被捕，232人被杀，另有462人因藏有武器或拒不服从警察而被杀。

海德里希在布拉格的布洛夫卡医院里躺了一周，他的一根肋骨被炸断，体内隔膜被炸穿，脾上还嵌入了一块手榴弹碎片。他坚持让一名德国医生治疗。他痊愈的可能性很令人乐观；但接下来在6月4日那天，这位护国主突然死于血液中毒。

在柏林举行的经过精心安排的国葬上，希姆莱不再流露出他与自己这位前部下之间的权力争斗。在那天最长的一次讲话中，他称海德里希是一名"永远值得学习的典范，但恐怕再也没有后人能够超过他"。

在帝国总理府，希特勒追认海德里希一枚"德意志秩序"奖章，这是纳粹帝国最显赫的奖章。在颁奖仪式结束后，希特勒对身边的随从官员们低声说，海德里希是"一名意志刚强者"。

"我们绝不投降"

在海德里希遭到伏击后3周，党卫队的破案小组仍然一筹莫展。暗杀者在实施行动后，穿过预先安排好的安全路线，与另几名同谋者秘密藏身于一座天主教教堂的地下室里。但是接下来，党卫队有了突破的线索。

一位名叫卡雷尔·库尔达、曾在英国与暗杀者们一道接受过训练的捷克伞兵叛变，他供出了特工人员们的藏身之地。

6月18日黎明，两支党卫队士兵朝这座教堂开火，给其中的3名特工人员造成了致命伤。党卫队要求投降。但4名还活着的人回答道："我们是捷克人；我们绝不投降！"党卫队先试着朝地下室里投掷催泪瓦斯，灌注水和烟雾，最后，他们用炸药炸开了一层巨大的厚板，这儿是通向地下室的第二处入口。两个小时的围剿结束后，德国人走进地下室，发现了4具湿漉漉、还淌着鲜血的尸体：海德里希的杀手们用最后几颗子弹结束了自己的生命。

一名消防人员正用铁钩抓住那具捷克特工人员们用来对付德国人灌水法的梯子。这把梯子曾使特工人员们能够爬到地下室上方的一个开口处，并可用它来挡回催泪弹和水管的袭击。

接到命令的捷克消防人员和警察正站在布拉格的圣西里尔和圣梅塞迪斯教堂前，等待着与海德里希的暗杀者们进行最后的对峙。为了对付这7名逃亡者，动用了19名党卫队军官、740名军人。

变节者库尔达（右起第三人）站在一旁观看警察检验两名捷克人的尸体。这两人没有直接参与暗杀行动，党卫队曾许诺只把他俩当作战俘对待，但他俩还是选择了在地下室自杀的结果。

一支党卫队士兵正在掩埋被烧死和被子弹打死的村民。德国的官方报道说，有170名成年男子被枪杀。另外单独枪杀的还有11名上完夜班回家的矿工以及那些捷克特工人员的15位亲戚。

党卫队士兵正在已成一片废墟的李代斯村庄巡逻。德国人报道说，他们从这个被涂炭的村庄里共清理走84000平方码的碎砖破瓦，然后，他们用犁铧把土翻了一遍，在上面种上谷物，以消除任何曾经有人居住过的痕迹。

李代斯村庄的

灭顶之灾

海德里希的葬礼举行后几小时，党卫队安全警察包围了布拉格附近的李代斯村庄，把所有居民赶进一个广场。村民们被怀疑窝藏了杀害海德里希的那几名暗杀者，现在党卫队要采取报复行动。龇牙咧嘴的党卫队士兵把妇女和孩子哄骗上车，运送到各地的集中营，然后把男人们分成10人一组，就地枪决。由于嫌枪杀的速度太慢，指挥官命令把剩下的男人赶进一个粮仓，一把火全部烧掉。然后，德国人又用火把烧毁了整个村庄。

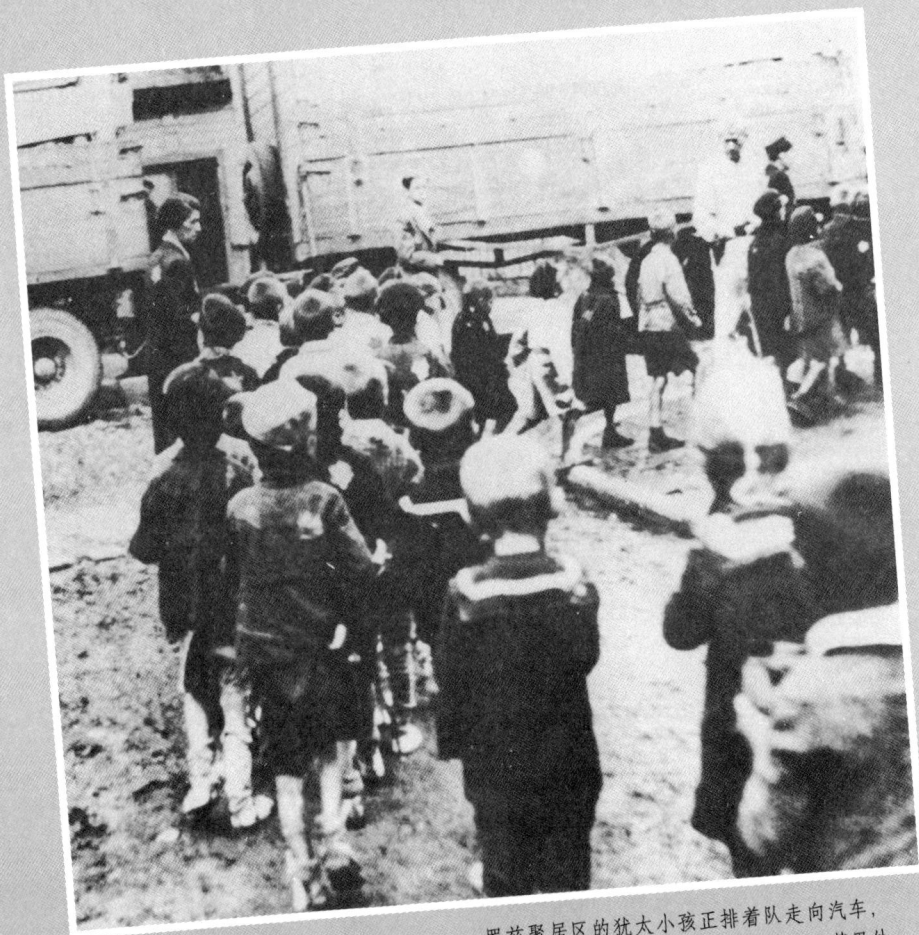

罗兹聚居区的犹太小孩正排着队走向汽车,
这些汽车将把他们运送到西北方向大约 40 英里处
的海乌姆诺死亡集中营。1942 年 1 月至 6 月间,
罗兹的 20 万犹太居民中有超过 1/4 的人在海乌姆
诺集中营被毒气杀死。

3. 种族大屠杀的机构

1942 年晚春，莱因哈德·海德里希由于在布拉格遭到"捷克抵抗组织"成员的武装袭击,奄奄一息。即便在他生命的最后时刻,他手下那帮党卫队同僚还在继承他的最后遗愿。根据以他的名字命名的代号为"莱因哈德行动"的计划,"先遣小组"又开始了新一轮的大规模屠杀,而且这次行动计划的目标更为宏大:它要通过使用毒气有系统地灭绝掉聚居在波兰"大政府"辖区和被割让地区的估计大约 200 万的犹太人。该计划已经在波兰的贝乌热茨和索比波尔这两个新建的集中营里进行,并且很快将在特雷布林克建成第三座这样的集中营。

这三座集中营是德国人在波兰建立的几百座集中营中最有特色的。大多数集中营都关押着成群的被迫参加劳动的苦工,其中一些是专门关押战俘的,而另一些像最早建在纳粹德国达豪和布痕瓦尔德的那一类集中营,用来拘留、折磨、强制劳动致死或枪杀犹太人以及其他人。在所有这些集中营里,以及在波兰的犹太人聚居区,屠杀一直持续到 1942 年及其以后。囚犯们除了死于枪杀下,还有可能死于饥饿、疾病和虐待。在两个较大的集中营里设有毒气室:波兰东部的马依达内克和

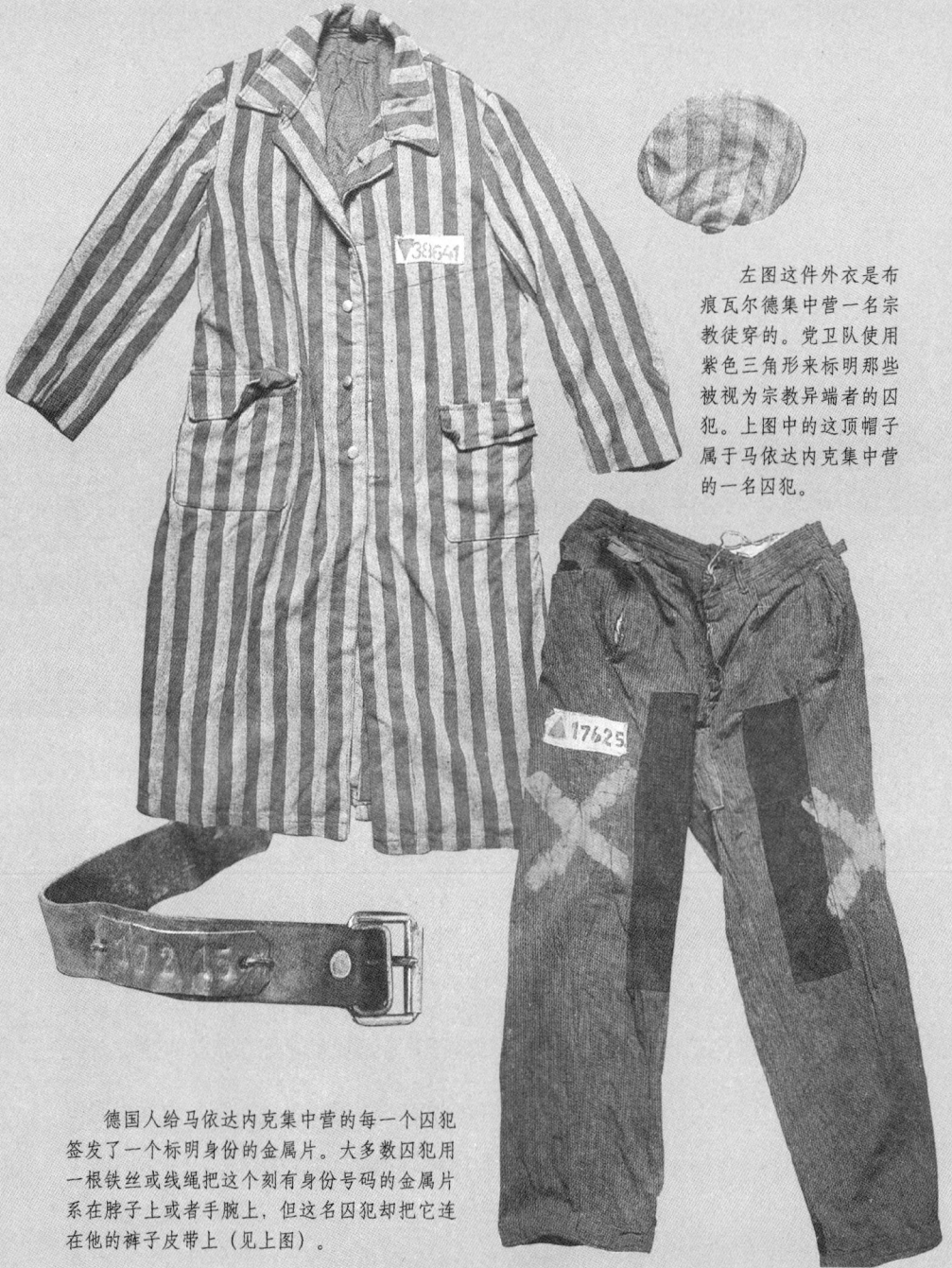

左图这件外衣是布痕瓦尔德集中营一名宗教徒穿的。党卫队使用紫色三角形来标明那些被视为宗教异端者的囚犯。上图中的这顶帽子属于马依达内克集中营的一名囚犯。

德国人给马依达内克集中营的每一个囚犯签发了一个标明身份的金属片。大多数囚犯用一根铁丝或线绳把这个刻有身份号码的金属片系在脖子上或者手腕上，但这名囚犯却把它连在他的裤子皮带上（见上图）。

地狱中磨难的象征

在到达一处集中营后，没有被马上杀死的人会被剥夺每一项自由，发给他们的制服上有标志表明他们是纳粹帝国的囚犯。一些集中营里有专门的作坊，让囚犯们用布条缝制监狱帽子、裤子、夹克和大衣。然而，到了战争的后期，尤其在马依达内克集中营，制作服饰的囚犯们对于纳粹分子来说不再具有多少意义。他们的资源耗尽了，所以，他们要么从那些已死在毒气室里的人身上剥下衣服，要么让那些新来的人凑合着穿戴自己随身的衣服。刷漆在衣服上的明亮符号足以认出谁是囚犯。不同形状、不同颜色的服饰徽章可以把犹太人、吉卜赛人、同性恋者、政治犯，与社会格格不入的罪犯以及惯犯区别开来。在大量增加的囚犯涌入各集中营之前，囚犯们一般都给编了一个身份号码，要么印在衣服的前臂上，要么戴在一个牌子上。

这件夹克衣服背上的两个字母KL（左）表明穿衣人是一名集中营囚犯。衣服前面的3个字母OST（下）表明他还是一个来自东部的被强制参加劳动的劳工，而刻有字母R的"大卫之盾"表示他是一名俄罗斯犹太人。

不像一般囚犯穿的条纹衣服，马依达内克集中营的一名囚犯穿的是这种平民裤子，它的上面涂有黄颜色的X（见左图）。绿色三角形是党卫队用来标明惯犯的。

波兰西部省份之一上西里西亚省的奥斯维辛（这些西部省份已并入纳粹德国的版图）。事实上，奥斯维辛集中营屠杀的犹太人太多太多了，以至于它实际上成了"大屠杀"的同义词。但是，这两个地方都还保留着劳动营，从而使囚犯们至少还有一点微小的可能性，可以工作和生存下来。

相比之下，莱因哈德的"三驾马车"——贝乌热茨、索比堡和特雷布林克，构成了人类历史上一种全新的集中营模式。它们是杀人中心，仅此而已。这 3 个集中营都以极其恐怖的手段采用大规模流水线生产的原理，其唯一的目的就是要尽可能快地、尽可能高效率地杀人。不打算放过任何一个人。用火车成批地运来犹太男人、女人和孩子，然后把他们送上一种所谓的"传送带"，衣服全剥光，送进毒气室里，最后再把尸体拖走，以便埋葬或烧毁——从到达集中营的时间算起，这整个过程一般要不了 3 小时就可完成。这 3 个集中营一天总共可产出 25000 多具死尸。

正是阿道夫·希特勒的一系列决定促成了这些杀人工厂的建立。这位元首的亲笔指示未能保存到战后。可能情况是，在 1941 年 6 月入侵俄罗斯之前，希特勒分阶段地发布了几项关于最终解决犹太人的口头命令：首先，放手让德军对苏联的犹太人和其他人进行屠杀；然后，消灭掉欧洲剩余的犹太人。希姆莱和戈林把这些命令传达给下属，然后在 1942 年 1 月 20 日由莱因哈德·海德里希支持的柏林万塞会议上确定了具体细节。

正如波兰"大政府"的代表在这次会议上所提议的，波兰那一地区成了优先考虑实施那套最终解决方案的地方。超过 1/3 的欧洲犹太人要么居住在那一地区，要么居住在被纳粹帝国吞并的波兰西部地区。波兰拥有良好的铁路系统，可以较容易地把犹太人运送到合适地点。德国人推断，尽管许多波兰人有着长期的反犹太人思想，但他们看待这一问题的方式可能不一样。海因里希·希姆莱小心谨慎地着手实施那套方案，他不想让自己的命令仅仅停留在文件形式上。

希姆莱挑选 37 岁的波兰东部卢布林地区党卫队队长奥第诺·格罗波尼克来指挥即将实施的"莱因哈德行动"。格罗波尼克是奥地利一名官僚的儿子，曾有过刑事犯罪的前科。他曾在维也纳参与谋杀过一名犹太珠宝商，然后在纳粹帝国吞并奥地利之前逃到了德国。他还担任过维也纳的第一任纳粹区长，但不到一年，因非法投机倒把外汇而被解职。希姆莱却看中了格罗波尼克过去的这一段阴暗背景，并且越来越喜欢他，称他为"格罗布"。

如果格罗波尼克缺乏大规模屠杀的必要资历，他的这位党卫队老板会准备好给他提供这方面的经验。希姆莱认识到，依靠他的"先遣小组"进行的那些大规模屠杀是很难迅速消灭掉"大政府"辖区内所有的犹太人的。采用枪弹行刑，速度慢、秩序乱、太公开化，而且还折磨着行刑者的神经。希姆莱想到了被称作 T-4 的安乐死计划中常用的一氧化碳毒气杀人法，那套方法是在悄无声息中进行的，而且效率快。自从 1941 年 8 月希特勒禁止 T-4 计划以后，该计划的许多工作人员都失业了。现在，希姆莱可以给格罗波尼克送来将近 100 个这样的人，他们都是毒气室操作方面的专家。

最得力的执行者是克里斯第安·维尔特，一个面色红润、56 岁的斯图亚特市前刑警队队长。1939 年，维尔特曾经去过位于普鲁士勃朗登堡的安乐死研究所，他在一些不可治愈的精神病人身上做过首次毒气实验。1941 年，他在波兰西部境内的瓦尔特高发动过一次示范杀人计划。瓦尔特高的纳粹区长此前得到过希姆莱的许可，要在他的辖区内杀死 10 万名犹太人，维尔特正是代表那位纳粹区长于 12 月份在海乌姆诺村（罗兹聚居区西北 40 英里处）建立了杀人站。

在村里的那座古老城堡里，维尔特设立了好几个带发动机的大篷车，"先遣小组"在俄罗斯曾试验过这种大篷车。在乌克兰，当地人更喜欢把这种大篷车称作"灵魂摧毁器"。装配上这种大篷车，是为了把发动机排放的一氧化碳烟气直接通过管道引入到一个很大的、密封的后舱，让里面的人窒息而死。较大一点的大篷车可以装下 150 多人，在大篷车驶向大约两英里外一片树林里的埋葬地期间，这些人已经被毒死，然后把他们的尸体钩出来，推入挖好的墓坑中。专程从柏林赶来目睹这一新杀人程序的阿道夫·艾克曼说："这是我一生中看到过的最令人恐怖的事情。"艾克曼心里非常难受，竟忘记了履行自己的职责——给整个毒气杀人过程测定时间。

海乌姆诺村的毒气杀人程序并不总是进行得很顺利，尽管这里的简陋设施最终夺去了20多万犹太人和好几千吉卜赛人的生命。维尔特觉得这些大篷车效率不高。由于发动机排放的废气压力没有规律，有时不会足够快地置人于死地。受害者经常得忍受较长的痛苦，少数一些人甚至在毒气产生效果之前设法逃走了。无论什么情况下，一个集中营一天只能处理掉大约1000人。为了达到"莱因哈德行动"所预计的人数，维尔特更喜欢他过去曾参与改进的、但现在已弃置不用的那套安乐死计划——固定式毒气室。

1942年早春，在设计贝乌热茨这座典型的死亡集中营时，维尔特把他那些关于流水线式杀人的想法付诸实施了。贝乌热茨集中营的所在地以前曾是一处劳动营，位于华沙东南方大约150英里处的一处偏远的松树林，靠近布格河。一条铁路干线连接着这里的集中营与北边75英里处的卢布林市，那里聚居着大批犹太人。

由于这个集中营的最初用意就是用来剥夺生命，而不是维护生命，所以，周围都布置得很严实：162英亩的占地全用铁丝网围着。集中营的毒气致死中心是一座小楼，楼内有3个被伪装成淋浴室的房间。在毒气室的背后有一辆掩护起来的装甲车，含毒的一氧化碳正是来源于车内一台 250 马力的柴油发动机。维尔特决定依靠自己的方式来产生一氧化碳毒气，而不依靠用于安乐死的各种商业瓶装毒气。他要尽可能地使自己的杀人系统做到自给自足。

维尔特于 2 月底 3 月初那段时间在好几百名犹太人、包括那些曾经帮助修建集中营的犹太人身上成功地实验了他的杀人设备和程序。贝乌热茨集中营于 1942 年 3 月 17 日正式开业，当天就从卢布林的聚居区运来一火车犹太人，而且另外两个集中营的施工也加快了。两个都仿照贝乌热茨的模式，不过规模上略大一点。往北约 100 英里的索比堡是在 5 月的第一个星期里开始运营的。位于华沙东北 75 英里的特雷布林克是最大的集中营，它于 7 月 23 日开业。几天之后，维尔特被任命为这 3 个集中营的督察官。维尔特的行为方式太残忍了，连他的下属们都把他称作"可怕的基督徒"。

党卫队军士长克里斯第安·维尔特是毒气杀人技术的开创者，他建立了海乌姆诺死亡集中营，后来又负责主管"莱因哈德行动"的 3 个死亡集中营。在希特勒的总理府里，他被称作"行刑手长官"。

集中营的军官们全都在维尔特的监督下工作，他们都是安乐死计划的经验老到者。每个集中营都有一支约 100 名乌克兰人组成的卫队，每人都配备着来复枪和皮鞭。他们杀起犹太人来毫不手软。其中许多都是苏联士兵，自愿替德国士兵行刑的战犯，他们对犹太人没有憎恨。但是，每个集中营的主要工作人员由将近 30 名党卫队成员组成——差不多全都是 T-4 级老兵——他们都曾宣誓保密，包括"不在营地里拍摄任何照片"。为了元首，为了一天 18 马克的奖金，还为了可以经常回家度假，他们愿意接受希姆莱曾经送给维尔特的一句指责："超越常人的非人性"。

从 1942 年春夏开始，这些处于偏远之地、工作人员并不是很多的小集中营接受来自四面八方的牺牲品。莱因哈德的初衷主要是消灭掉"大政府"辖区内的犹太人，但是，来到这 3 个死亡集中营的受害者超过 8% 来自庞大的纳粹帝国的其他地区，这一庞大地区呈半圆形北起挪威，然后绕过西欧一直到罗马尼亚。这些不同地区的犹太人被送到莱因哈德建立的这 3 处杀人中心以及位于"大政府"辖区内马依达内克的其他集中营和波兰西部被割让地区的海乌姆诺和奥斯维辛集中营。

对于来自西欧国家的犹太人，他们在前往集中营的旅途上一直受到蒙骗。为了防止恐慌和逃跑，艾克曼及其手下散布言辞，说这些被驱逐者的目的地是东部的劳动营或农场，而且还允许他们一路随身携带着自己的财物。一些火车挂的还是普通旅客车厢而不是货车车厢，完全给人一种假象，好像的确是一次前往"东部移居地"的和平之旅。在这样的火车上看不到警察的身影。有时，

海乌姆诺死亡集中营的犹太男人正面临来自一辆大篷车上的一氧化碳毒气的致命袭击。这种大篷车是用来屠杀罗兹及其附近地区的 25 万犹太人的主要工具。

还会叫这些被逐出家乡的犹太人买票，一名列车员会定时来查票撕票，一副尽职尽责的模样维护着这一切假象。

在波兰的犹太人聚居区，驱逐行动就不需要讲究那么多策略了。当地的党卫队和警察头目在奥第诺·格罗波尼克的副官赫尔曼·霍夫勒上校的总协调下，负责围捕和运输任务。他们会告诉被驱逐者，只是移居到更远的东部乌克兰的劳动营。通常，纳粹分子会提前不到一天的时间通知居民，然后马上对聚居区进行封锁。在接下来的行动中，党卫队的力量不断得到波兰警察和乌克兰或拉脱维亚帮凶的支持，他们一同走进聚居区的街

波兰城镇奥尔库什的犹太人被强迫脸朝下躺在雪地上，等待着党卫队士兵和当地警察点名挑选那些将被驱逐运走的人。有时候，在采取这种行动时，犹太人可能被强迫在室外待上整个晚上。

道，确保当天的驱逐指标的完成。

驱逐行动的指挥官们通常还会寻求与犹太领袖人物的合作。1941年，当他们到达上西里西亚省东部时，一位叫摩西·梅林的犹太人委员会首领答应满足他们的要求，并信誓旦旦地说，他也服从那条旨意，即牺牲一些他自己民族的人以拯救大多数人。两年后，梅林面对自己急剧减少的同胞悲伤地说："我站在一个笼子里，面前是一只饥饿并且发怒的老虎。我用肉——用我那些兄弟姐妹们的肉塞住他的嘴巴，是为了让他待在自己的笼子里，以免他挣脱出来，把我们大家撕成碎片。"

纳粹分子并不总是能找到这样的犹太长者，心甘

情愿地把自己的同胞喂进虎口。1942 年 7 月 22 日，霍
夫勒上校走进华沙那个很大的犹太人聚居区，找到犹太
人委员会主席亚当·捷尔尼亚柯的办公室，要求安排几
列火车的犹太人，作为首批运往新近开业的特雷布林克
死亡集中营。他命令捷尔尼亚柯于当天下午 4 点钟提供
6000 名犹太人移居东部，然后在接下来的每一天里提
供相同的人数。这位德国军官补充说，如果捷尔尼亚柯
不服从命令，他的妻子将是第一个被扣押并被枪杀的居
民。在这之前的 20 个月当中，饥饿和疾病已经使犹太
人口急剧减少，现在又要连根除掉这 35 万犹太同胞，
面对这一责任。这位犹太人领袖只好用他放在抽屉里的
氰化物药片自杀了结自己的生命。

尽管如此，波兰的许多犹太人在早期都是自愿走
上火车的。在华沙，约 2 万名犹太人因 3000 克面包和
1000 克果酱的特别赠予，经不住诱惑而自愿上了火车。
更多的犹太居民是不顾一切地挤上了火车，他们被虚假
的许诺所吸引，以为会在劳动营上过上更美好的生活。附
近那些死亡集中营的可怕消息还没有传到这些聚居区。
华沙犹太人聚居区的编年史家伊曼纽尔·林格尔布卢姆
写道，许多居民"没有任何气力再作挣扎了"。

后来，在自愿精神渐渐消沉后，波兰的犹太人聚
居区里在实施围捕时开始出现了不加区别的残酷对待。
真是一片妻离子散的景象。任何反抗或试图躲避逮捕的
人会被枪杀，遭到枪杀的还有那些无以数计的被视为太

年老、太病弱或太年幼的人。枪杀的决定是就地做出的，非常武断残忍，而且不仅仅是限于"大政府"辖区。在毗邻的瓦尔特高，党卫队士兵们经常在喝得半醉半昏的状态下去执行聚居区清洗任务——这是每天给他们多发一瓶白兰地酒的结果，而多发一瓶酒的目的是为了让他们在执行任务时不感到害怕。在罗兹聚居区的一次行动中，医院成了进攻的目标。在驱逐 2000 多名病人的过程中，德国人把病人从病房里清除出去、从手术台上推下来扔下楼梯。在一家医院，一个名叫本·艾得尔鲍姆的居民当时正在那儿搜寻他自己的新生侄女，他惊恐地看着党卫队士兵比赛似的把小婴儿们从楼上一扇窗户边往停放在楼下街道边的一辆卡车车厢里扔。接下来，艾

在克拉科夫，一名党卫队下士正用脚踢一名正在往车上爬的犹太人，而另一名德国士兵在一旁正咧嘴笑着。1942 年至 1943 年，当大批犹太人被赶往死亡集中营时，类似这样的事在波兰到处都可看到。

　　华沙犹太人聚居区的饥肠辘辘的妇女们自愿加入到驱逐队伍中，以求换来一点配给的面包和果酱。1942 年 7 月 29 日至 31 日，接受过这种赠予的华沙犹太人本以为会被送往劳动营，但结果是，他们全都死在了毒气中心。

得尔鲍姆还听到街上的一名党卫队士兵要求他的上司允许他用刺刀尖去接一个正从窗户边快速掉下的那些"小犹太人"。

艾得尔鲍姆回忆说："他的上司同意了他。那名年轻的党卫队屠夫卷起拿枪的那只手的袖子，用刺刀接住了刚好下一个掉落的婴儿。婴儿的鲜血顺着刺刀一直流到凶杀的手臂上，然后流进他的袖子里。他再次试了一下自己的才能，并再次取得成功，还在哭叫的孩子落在了他那把锋利的刺刀上。他又试了第三次，但这次没有接住，于是他放弃了整个游戏，还抱怨说已经太'脏乱'了。"

在华沙的每天围捕行动中，无人感到安全，甚至连那些已经屈服、在枪托和棍棒打击下虚弱无力地走上火车的人也不安全。一位名叫大卫·伍多温斯基的幸存者后来回忆说："走得太快的人会被枪杀。倒下来挡着路的人会被枪杀。偏离队伍的人会被枪杀。转过头来看的人会被枪杀。弯下腰的人会被枪杀。说话声音太高的人会被枪杀。哭叫的孩子也会被枪杀。"

不像西欧的受害者们经常可以乘坐到相对较为舒适的客车车厢，波兰的这些被驱逐者是被残忍地塞进关紧的货车车厢里走向死亡的。这种专列的一节车厢里经常被塞进多达 150 个人及其他们的随身物品（一节车厢平时运载的人还不到那个数目的一半）。德国的列车员尽职尽责地清点着每节车厢的人数，并用粉笔把数目写在车厢的墙壁上。

　　这些被驱逐的人一路没有食品和水，也没有厕所。车厢的门窗都锁闭着，以防止逃跑，这样一来，车厢里很快让人透不过气来。密闭的空气与人体的汗味、粪便的臭味以及撒在地板上用来消毒杀菌的生石灰的气味混杂在一起。母亲们顾不了一切，只好让孩子喝尿止渴。人们疯狂地用发夹和钉子在车厢墙壁上凿洞通气。在1942年夏天的一列从华沙开往特雷布林克的火车上，亚伯拉罕·克兹皮奇躺下身子，把鼻子靠在地板上一个缝隙边，不顾一切地想要接触到新鲜空气。他回忆说："人们躺在地板上，像得了热病似的，大口地喘着气，颤抖着身子，耷拉着脑袋，千方百计想让空气进入到自己的肺里。"

　　如果路上遇到长时间的延误，那罪就更难受了。通常也许只要几个小时的旅程经常延长到一天或更长时间。尽管从聚居区到死亡集中营的平均距离不过75英里，但希特勒的这项最后解决方案使得已经被俄罗斯前线的需求压得不堪重负的波兰铁路系统不得不超负荷运行。一般情况下，每天有200节火车车厢把多达25000名犹太人运到集中营。由于一路停站，调度效率低，营地的交通瓶颈问题，整个进度受到妨碍。例如，特雷布林克集中营在天黑后无法做好接受被驱逐者的准备，因此，经常有两三列进站的火车不得不停靠在车站过夜。

　　在车厢里的人等待的同时，恐惧感开始蔓延。从里面不断传出尖叫声、呻吟声和哭喊着要喝水的声音。为了给自己快要死去的孩子找到水，母亲们把空瓶子拴在木棍上，通过车厢墙壁上的开孔把钱、金戒指和其他珠宝扔出去。德国卫兵把瓶子砸碎，把钱物却揣进了自己的腰包，并开枪打死讨水喝的人以及任何试图把水送上去的人。一位住在通往贝乌热茨的铁路沿线小镇茨维茨尼克、名叫斯坦尼斯洛·波达诺维兹的波兰人这样说道："禁止向犹太人表示出任何同情或怜悯，否则立即处死。"

这些受害者想抓住任何救命稻草。如果火车黑夜里停靠在某个车站，听到的说话声是俄语，人们便认为

波兰卢布林地区的犹太人坐在德国国家铁路运输公司的运牛火车上，前往索比堡死亡集中营。被毒气杀死在索比堡的卢布林地区犹太人乘坐各种不同的运输工具进行这次单程旅行，有坐汽车去的，还有一些人是乘坐相对豪华的旅客列车去的。

有了点希望——他们坚信自己已到达乌克兰的某个劳动营，这下有得救了。但是，说话的人通常都是乌克兰的一些帮凶或其他类别的打手，他们的残忍手段往往比他们的纳粹主子还更厉害。例如，臭名昭著的立陶宛卫兵举枪朝货车车厢一阵盲射，然后打赌看谁射中的犹太人多。乌克兰士兵登上一列停靠在乡下的、开往索比堡的火车，对车厢里所有的人进行大肆洗劫。一名幸存下来的犹太人报告说，性急的抢劫者为了得到戒指，不惜砍掉人的手指。

在驱逐行动刚开始的第一个夏季，一名年轻的奥地利士兵遇上了一列载满犹太人开往特雷布林克的火车，他在日记里写下了他称之为"最令人恐怖的惨景"。胡伯特·普佛克随同自己的步兵连开往苏联前线，1942年8月21日那天，他们的火车停靠在谢德尔采市。他看到在附近的一个站台上，有犹太人在大声说他们已有两天没沾食物和水了，而乌克兰卫兵正一个劲地把他们往货车车厢里推。他这样写道："他们朝犹太人叫嚷，开枪，一阵猛打，打得太刻毒了，有些卫兵的枪托都折断了。"不一会儿，有汽车来把停放在铁轨和站台两边的尸体拖走。普佛克听到一个卫兵自豪地说，他杀死了一名母亲和她的婴儿，"就一枪打穿了她们俩的脑袋。"

普佛克和自己的战友们要求他们的指挥官——一名年轻的中尉——干预一下那位负责的党卫队军官。普佛克在战后回忆说："他同意去干预。但是，当他

　　1942 年 8 月 21 日，在前往东部前线的途中，奥地利军人胡伯特·普佛克在火车耽误停顿的间隙，悄悄拍摄了这一组图片，反映了犹太人在被送往特雷布林克集中营的路途上所遭受的折磨。约 7000 名男人、女人和孩子被强行送上运牛车（左上图）。那些动作迟缓、不服从命令的人被乌克兰卫兵用枪打死，或者用棍棒打倒在地上，因无人理睬而死去（右上图）。第二天，横七竖八躺在车站地区的约 200 具尸体被装上卡车运走（下图）。

向那位党卫队军官建议说，这种野蛮的行径有损于德国的荣誉，不值得德国人去做，那位党卫队军官咆哮着说，如果我们不喜欢这事、而且不愿闭上嘴巴的话，他会乐意'为我们在这列火车上专门加一节车厢，这样我们可以与那些犹太人和战争贩子一同去了解一下特雷布林克'。"

　　成千上万的被驱逐者在前往集中营的路途上就死去了。有的人因空气窒息或缺水而死，有的人因不堪忍受而自杀身亡，有的人是在混乱的车厢里被活活踩死的。守在车厢两端的卫兵荷枪实弹地监视着任何企图逃跑的人。居住在死亡集中营附近一带的波兰人后来回忆说，每当听到断断续续的枪声，那便意味着又一趟满载着犹太人的火车开来了。

　　从火车把犹太人运抵到这3处"莱因哈德"死亡集中营的那一刻起，就有一系列详细的命令引导着集体屠杀过程的每一步。这样做的目的是要在两小时内杀掉除几个之外的其他所有被驱逐者。为了实现这一目标，也为了防止受害者做出抵抗的任何可能性，维尔特在贝乌热茨集中营专门设计开发了一套包含骗术、快速和非人化的方案，这套方案后来也系统地应用于其他集中营。

　　对于来自西欧的犹太人，德国人伪装成一副假象，让他们觉得前往新家是一次和平之旅。在特雷布林克，德国人设立了一个虚假的火车站，让人们觉得这只是一个过渡性的营地，一个通向更美好生活的中转站。车站挂着一只指针从来就不走动的大钟。大幅指示牌上标明着诸如饭馆、售票处、电话厅和"东向火车换乘处"等实际上并不存在的设施。在索比堡，装扮成搬运工的犹太犯人帮助被驱逐者存放行李，并给他们行李领取回单。德国人甚至还散发了一些明信片，要求这些旅行在外的人给柏林或阿姆斯特丹的家人写信，说自己已平安到达东部。

对于来自波兰聚居区的犹太人，德国人准备了一种不同的接待方式。没有必要使用多少骗术，因为这些犹太人在聚居区和火车上就已经受到了恐吓，或者如索比堡集中营的一位名叫多夫·弗莱堡的幸存者所写到的："已经经历了地狱的七道鬼门关。"火车一到集中营车站，犹太犯人便打开门闩，把车厢里的死尸拖走。乌克兰卫兵和党卫队士兵用鞭子、步枪和不断的叫嚷声把仍然还活着的那些人赶出来。弗莱堡回忆说："一切都以闪电式的速度进行。我们根本没时间思考。"

这种残酷的暴力是维尔特为了防止逃跑或抵抗而设计的，他不让受害者有能力做出反应、不让他们意识到正在发生的事。催促大家加快速度也提高了集中营的每日杀生力。另外，通过残酷地、声嘶力竭地对待这些犹太人（好像他们是牲畜似的），党卫队士兵在人性的直觉方面可以变得麻木不仁，这样更易于进行自己的工作。先曾指挥过索比堡、然后又指挥过特雷布林克的T-4老兵弗兰兹·斯坦格尔后来说，非人性化那一点是"给那些不得不具体执行政策的人规定的，这样才有可能使他们去做他们要做的事"。

到达屠杀基地后不久，所有的被驱逐者要分选出来。少数有技术的匠工，如木匠和裁缝，以及看上去最强壮的年轻人，要从队列中挑选出来，留在集中营里干活。这些被挑选出来的人当时还意识不到他们获得了暂时解救，或者如索比堡集中营的一名党卫队中尉隐秘地对这样一群人所说的，"获得了新生"。

然后，卫兵们把那些不能跟上快步移动的受害者队伍的人剔除出来。老年人、残疾人和婴幼儿让犹太工人用车推走——在索比堡，是用一种铁路专用车运走——运到其他犹太人听不到声音的杀人现场，然后埋在坑里。在特雷布林克，这种地方被称作"养老院"。它有一道大门，门上方有"红十字会"标志，工作人员都戴着"红十字会"臂章。行刑手参谋军士奥古斯特·米埃特被囚犯们称作"死亡天使"。他对待太老、太弱、太小的人用的是9毫米手枪，瞄准在后颈背上。被打死的人倒在一个大坑里，然后马上把尸体烧掉。特雷布林克集中营的一位名叫撒缪尔·拉兹曼的幸存者回忆说："有时候你还可以听到小孩在火中哭泣的声音。"

到达集中营后的最后一道程序是致欢迎词。为了安抚从聚居区出来后一直饱受残酷待遇的被驱逐者，鬼话连篇的欢迎词再次欺骗他们说，这是一个过渡性的营地，他们将接受洗浴，杀菌消毒，以预防疾病蔓延，然后就送往乌克兰工作。在贝乌热茨集中营开业后的初期，维尔特亲自致欢迎词。索比堡的致词人通常是该集中营副指挥、党卫队军士赫尔曼·米切尔。他因声音悦耳，言辞华丽，被犹太犯人们称作"布道牧师"。他经常穿着一件白色外衣，给人留下他是一名医生的印象。索比堡集中营的一位名叫阿达·李希特曼的幸存者回忆说，米切尔的举止和言论非常动人心弦，他可以使自己这些被俘的听众"自发地鼓起掌来，有时甚至跳起舞、唱起歌来"。

为了让这些被驱逐者做好洗浴的"准备"，德国人把男人们与妇女和儿童分隔开来。然后把他们一群群地赶进营房——男人进右边营房——命令他们脱下衣服，把鞋拴在一起以免弄错，把钱、戒指、手表以及其他贵重物品留下。在索比堡，如时间允许的话，还发号牌充当收条，假装作为领取贵重物品时所用。妇女和女孩要求剪掉头发，她们被告知这是为了防止头上长虱子。事实上，她们的头发被打成包运回到德国——仅特雷布林克集中营就发送出 25 车皮的头发——然后制成油毛毡或织成拖鞋衬料，供潜水艇官兵使用。

到了这个时候，任何人都不可能再逃过纳粹分子设下的厄运。有一天，在特雷布林克集中营的脱衣间里，一名模样迷人的妇女跨步走出队伍。她向党卫队士兵解释说，她和她的两个孩子生来就是德意志人，而不是犹太人；他们是被误抓上了火车的。她随身携带的文字材料证实了她的说法。"但是，她看到的太多了，有可能把这一切传出去，"该集中营的幸存者雅各布·魏尔尼克说，"结果，这名妇女和她的两个孩子跟其他那些人一同进去了——进去送死。"

在这3个集中营里，工作人员们把通往毒气室的过道称作"管道"，或者带点黑色幽默的味道，称作"天堂之路"。在特雷布林克，这条"天堂之路"有大约15英尺宽，两边是7英尺高的铁丝网，铁丝网与树丛枝丫缠在一起，这样，里里外外都让人看不见。赤身裸体的受害者们排成5列，由一名党卫队士兵在前面领着，被强迫跑步通过那段110码长的距离，这期间，卫兵们不断用鞭子、棍棒、甚至刺刀催促快点。男人们先进去，因为那帮现场监视者害怕男人们一旦看到女人们的遭遇会奋起反抗。

受害者们终于跑到了一座建筑物前面，站在那儿等着依次进入"洗浴和吸入治疗室"。到了这时候，他们一定开始完全怀疑等待着他们的命运。他们可能听说过在1942年那第一个春季和夏季期间传到波兰聚居区的传闻，但那些传闻当时没有充分的根据。1942年5月12日，年仅15岁便被逐放到索比堡集中营的多夫·弗莱堡回忆说，无论如何，"我们当时都不相信"。此刻，那些等待的人可以听到从里面传出阵阵悲号声和呻吟声——"就好像在一座犹太会堂里"，一名前去贝乌热茨集中营访问的德国人把耳朵贴在外面墙上这样说道。

他们赤身裸体站在那儿，无依无助，慢慢死去，因恐惧和体能消耗变得如此瘫软，根本来不及想到反抗。

　　每处集中营的浴室开始时有 3 个小时的毒气室。但是不久，这些就不够用了。到 1942 年初秋时，新增或新建的设施已经翻了一倍多。在特雷布林克，每个毒气室有 4 码长、9 码宽，能紧密地塞进 400 多名受害人。（有些讲究效率的设计师在增加站立的面积的同时，给天花板降低几英寸，以节省一氧化碳和缩短窒息时间。）特雷布林克集中营指挥官弗兰兹·斯坦格尔在战后证实，扩建后的集中营在 3 小时内可以杀掉 3000 人。他还说道："当这一工作连续进行到 14 个小时左右时，12000～15000 人的生命就给灭掉了。有许多日子，这一工作从清早持续到晚上。"

　　特雷布林克集中营的那座新浴室是用砖砌成的，它的入口处的两边摆放着盆栽的天竺葵花和其他鲜花。一颗硕大的"大卫之盾"装饰着前面的三角墙，入口处挂着一块深黑色的帘布。这是从一座犹太教堂里拿来的，上面还有用希伯来文写的一行字"正义者将由此门进入"。犹太人进入过道后，被残忍地推挤进铺了地砖的毒气室，头上的淋浴喷嘴是假的。一些人在祈祷，另一些人在咒骂抗议。有时候，还责令他们举起双臂，收起腹部，这样可以塞进更多的人。幼童往往从人群的头顶上送进去，以利用更多的空间。当再也没有地方可以塞进另一个人时，沉重的木门"咣"的一声关上。

然后，信号发出，柴油发动机起动，开始向毒气室里注入一氧化碳。"伊万，放水！"这是特雷布林克死亡集中营里那个德国监工向一名乌克兰卫兵发出的残酷信号。德国监工们对他们的发动机的效率感到自豪，他们把负责操作的人称作司机。在贝乌热茨死亡集中营，浴室旁边那座发动机小木屋上写着这样的标示："哈肯霍特操作间"，这是为了纪念"司机"、党卫队军士洛伦兹·哈肯霍特。不过，发动机经常都会出现发动不起来的时候。受害者们站在毒气室里，得忍受几个小时的痛苦煎熬；另一些人站在外面等待，有时是在零度以下的气温里等待，他们裸露的双脚都冻在地面上了。

但是或迟或早，发动机总会再次发动起来的，含毒的烟气涌入毒气室。开始时还有哭叫声和呻吟声，然后一切渐渐平息。再然后，根据鲁道夫·雷德尔（贝乌热茨死亡集中营幸存下来的唯一两位犹太人中的其中一位）的回忆，"便是最后一声令人恐怖的叫喊声"。几分钟之后，一名德国人会把耳朵贴在墙上或通过墙上的一个小玻璃窥孔，看看里面还有没有人活着的迹象。在

70多万犹太人在踏上死亡之途后都经过特雷布林克这个火车站（上图）。一车又一车的受害者进入这个死亡之营（右图）后，在车站广场下车。老弱病幼者被直接带到一个所谓的经过伪造的诊所，在那里，他们被马上枪杀。其余的人前往兵营，脱去衣服，剪掉头发，然后经过一段被称作"管道"的通道，被赶进毒气室。党卫队士兵和乌克兰打手住在集中营的

北端。干活的犹太人住在他们干活的地方，要么是"毒杀营区"，要么是"生活营区"。

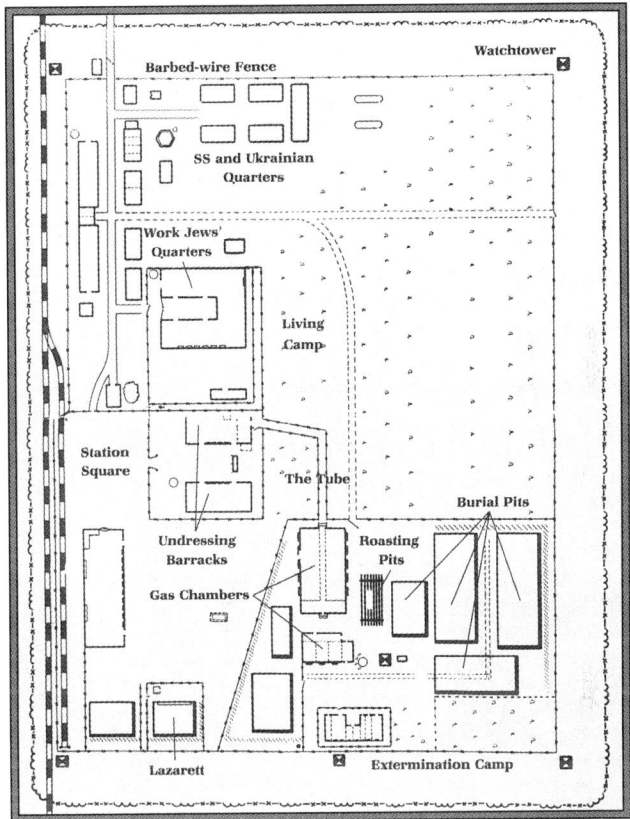

索比堡死亡集中营，窥孔设在房顶上，监工艾力克·鲍尔在整个施毒期间一直就蹲在那儿。通常，要等发动机开动 30 分钟左右后，才发出"全已肃清"的信号。卫兵们打开入口处对面的活板门，然后，那些所谓的"死亡大队"的犹太囚犯们开始执行令人可怕的任务：清扫毒气室。

一位名叫卡尔·施鲁克的党卫队士兵有时负责监督贝乌热茨死亡集中营的清扫过程，他回忆起当时的情景说："毒气室里的犹太人密密麻麻地重叠在一起。
这就是为什么那些尸体不是躺在地板上而是呈不同方
向混乱地重叠在一起的原因；有些人由于死亡的时候
身边有点空间，所以是跪着的姿势。我能看到嘴唇和
鼻尖都是乌色的。有些人的眼睛闭着，另一些人的眼
睛是翻卷着的。"

　　党卫队中尉库尔特·格尔斯坦参观过贝乌热茨死

这张于 1940 年在贝乌热茨劳动营拍摄的照片，反映出当时的吉卜赛人（上图）对自己作为被征用的劳动力的处境并没有表现出什么痛苦。然而到了 1942 年春季后，贝乌热茨已变成一个屠杀集中营，在这里，50 多万犹太人和几千名吉卜赛人最终被毒气杀死或用枪打死，如这名妇女（下图）正面临着被枪决，在她的旁边是蜷缩成一团的她的同伴的尸体。

亡集中营，他是这样描述的："人们仍然像石柱一样站立着，因为没有空间可以倒下或倾斜。即使死了，你也能够辨别出哪些是一家人，他们都相互拉着手。在为下一轮清理毒气室时，很难把他们分开。你可以发现，扔出来的尸体青一块、紫一块的，而且还是湿的，这是汗水和尿液所致，大腿上还有肮脏的粪便和经血。二十几个工人在忙着用铁钩撬开嘴巴进行检查。牙医们用铁锤敲下金牙齿、假齿桥和假齿冠。"

最早的处置方法是埋葬。在监工们的无情驱赶下，"死亡大队"的犹太人把他们同胞的尸体拖到或运到长 180 英尺、宽 45 英尺、深 20 英尺的巨大墓坑里。特雷布林克死亡集中营使用手推车来运尸体，但后来不得不放弃，因为犹太囚犯们受尽了折磨，他们在用手推车运载尸体时经常故意开小差。事实上，埋葬的办法很快证明不管用了。在特雷布林克，第一个月内屠杀的人数实在是太多了，尸体处置的能力跟不上，弄得到处都堆满了尸体。在贝乌热茨和索比堡，尸体埋葬下去后出现了许多问题。由于大墓坑里堆积的尸体太多，遇热腐烂后，大量腐尸液体膨胀，溢出了地面，产生出臭不可闻的气味，还对健康构成了威胁。

与此同时，希姆莱也在决定如何干得更好，以向世人掩盖这种最后解决方案的痕迹。他任命他手下的一支机动杀人部队的前指挥官保尔·布洛贝尔找到最有效的销毁证据的手段。1942 年夏天，布洛贝尔带领一小部分人员在海乌姆诺村开始了代号为"1005 特别行动"的工作。他们把用毒气大篷车杀死的受害者的尸体拖出来，先用燃烧弹做实验，但最后决定采用大规模露天火化。火化后残留的任何骨头，先用一种专门的碎骨机压碎，然后再把骨灰和骨头碎片埋在尸体被挖掘出来的坑里。

布洛贝尔新发明的这套处置尸体的有效办法逐步在那 3 个集中营里采用，尽管遭到了"莱因哈德行动"的首领奥第诺·格罗波尼克的勉强反对。格罗波尼克当着元首本人的面说，纳粹帝国应该光明正大地对自己的工作感到自豪。他不赞同为了掩盖屠杀行为而对尸体进行火化，他说，"恰恰相反，我们应该埋下铜匾，声明正是我们才有勇气实施了这一巨大的工程"。索比堡是第一个烧毁受害者尸体的集中营，1942 年秋季就开始了。在那之后不久，即 12 月份，贝乌热茨集中营永久性地关闭了它的毒气室，开始把埋在地下的估计有 60 万具尸体挖掘出来烧毁。特雷布林克集中营直到 1943 年 3 月希姆莱前来访问之后才开始采用火化政策。

特雷布林克集中营的火化行动进行得最繁忙、规模最大、目睹者的反映也最好。大约 70 万具尸体需要挖掘出来火化，而与此同时，不断还有新的尸体从毒气室运来，准备接受处置。跟其他集中营一样，这里也采用机械挖掘机挖出尸体，每次用大钩吊起 6 ~ 8 具，堆

1943 年，为了清除掉犯罪的痕迹，特雷布林克集中营的党卫队用起重机从集体墓坑里挖出 70 万具尸体。犹太囚犯们把这些尸体运到一个巨大的焚尸坑，一次就可以焚烧掉 3000 具尸体。

放在地面上。然后,成群的犹太囚犯们用担架床把尸体转运到巨大的钢制网格里。这种被德国人称作"烘烤箱"的钢制网格可以装下多达 3000 具堆塞在一起的尸体,有 100 英尺宽,由 6 根铁轨构成,停放在 3 排 28 英寸高的钢筋水泥柱上。

砍下的树枝堆放在网格下用作引火物。有时候,会在尸体上浇些汽油,但不久,党卫队士兵们有了一个发现。他们发现女尸比男尸烧得要快些,因为女人的皮下脂肪更多。如果把女人的尸体合理地安排在底层,即使没有汽油,火照样燃得很好。从女尸到男尸,从旧的尸体到新的尸体,火焰不分昼夜地从火堆上冒出,每天要烧毁 7000 具尸体。肉体焚烧的气味在周围几英里都能闻到。

成群的犹太囚犯们把骨头捣成碎块,把骨灰倒进敞开的、曾经挖掘出尸体的墓坑里,而同时,另外一些人在忙着处理从受害者那儿劫掠而来的财物。所有的衣服、珠宝、钞票、手表、眼镜、童车、床上用具、手提箱以及其他财物都必须清洗和分类。犹太人衣服上的盾形徽章必须拿掉,衣服的折皱里也要检查,看有没有隐藏的值钱东西。货币和有价值的物品,包括牙齿上的镶金,要送到德国中央银行去。其他物件卖给或免费送给德国血统的人、党卫队士兵及其家属。

根据官方核算,在这 3 处"莱因哈德"杀人中心,从犹太人那儿没收的钱财价值超过 7000 万美元。这一总数不包括在集中营工作的那些德国人和乌克兰人悄悄从犹太人身上搜得的赃物，他们不顾希姆勒的关于禁止个人侵吞的严格命令，发现通过集体屠杀可以聚敛个人财富。他们反过来也让附近乡下的一些波兰人致富了，因为他们要在单调的日常工作之外寻求娱乐和消遣。

那些被挑选出来干具体杂活而不是送进毒气室的犹太人，在那以后与他们的德国监工们一起参与了集体屠杀的业务活动。这些所谓的犹太服务人员包揽了所有的体力活，使集中营得以运转起来。刚开始，他们劳动一两天后便会被处死，但后来证明这样做并不管用，于是不久，集中营的管理者们便允许多达1000名的囚犯成为半永久性的劳动人员。

还有些专业工作人员，如专门剪头发的、专门收集犹太人金子的，他们把所有值钱的东西（包括由所谓的牙医们提炼的金子）进行分类。有手艺的人，如裁缝、木匠、补鞋匠等，被称作"荣誉服务人员"，因为集中营里的工作人员得依靠他们获得个人服务，还因为这些人经常享有某些特权。在特雷布林克集中营，这些专业人员从事着杀人过程的各个环节，有站台工人，也有墓坑填埋工人，他们的组织效率很高，有自己的不同颜色的徽标和臂章。每一个工作小组都有一名犹太工头负责监督，一般是由德国人挑选，但他自己也必须愿意接受命令惩处自己的同胞。

集中营里的日常生活非常严酷，能够被选中从事服务工作的犹太人只是暂时免于一死，很少有活过几个月的。这些囚犯的食物通常是一碗清水萝卜汤、面包渣和其他任何能够从开进来的火车上偷窃到的受害者们的东西。各种各样的痢疾、斑疹伤寒和皮肤病到处蔓延。囚犯们经常遭到鞭打，有时候也会被枪杀。哪怕是最轻微的冒犯，或者仅仅是某位监视人员的突发奇想，就足以招致如此惩罚：如果某个犹太人跑得不够快，或者行礼姿势不对，或者如贝乌热茨集中营的一名幸存者所说的，"如果某位党卫队士兵不喜欢某个犹太人的相貌。"这些从事服务工作的犹太人尤其害怕每天多达 3 次的点名。每次点名往往都要进行新的人员挑选。任何人看上去生了病或身体很虚弱——哪怕是最近一次遭受鞭打后还留有伤痕，都会被德国人马上清理出去。那些被清理出去的人将送往毒气室处死，由新来的人替代。

"这种挑选是一种不断的威胁，它像一把悬在我们头上的剑，"一位名叫亚伯拉罕·凯泽皮奇、从特雷布林克集中营逃脱出来但最后因抵抗德国人死在华沙犹太人聚居区的工人这样写道，"早上，在信号铃响之前，我们就起床梳洗，以使自己的容貌好看一些。我们从来没有像在特雷布林克时这样频繁地刮脸，即使在生活最美好的岁月里也没这样。每天早晨，每个人都要刮脸，并用从死去的犹太人那儿偷来的洗面奶洗脸。有些人还往脸上扑粉，甚至涂红嘴唇，摩擦脸颊，直到脸上出现红晕，而做这一切只是为了能多活几天，也许能多活几周，谁知道呢？"

这就是集中营里令人心里麻木的恐惧和令人精疲力竭的日常生活，幸存下来的人们几乎不可能说得清为什么那些管制他们的党卫队士兵竟然会做出这种行为来。他们难道天生就是真正的魔鬼心肠？或者只是普通人，为了实现"超越人性的非人性"就忠实地执行希姆莱的命令？让人有些吃惊的是，好几个犹太幸存者后来都说出至少两个工作人员多少还有点善心，比如说，多提供一些食物。这两个人便是特雷布林克集中营的埃尔文·兰伯特和在索比堡集中营、特雷布林克集中营都曾服役过的卡尔·路德维希。但是，超越职责范围、行为极其残酷的德国人绝对地要多得多，库尔特·波伦德尔便是这样一个家伙。一位身陷索比堡集中营、名叫默什·巴伊尔的犹太囚犯这样描述波伦德尔喜好的一大消遣方式："在他去吃午饭的途中，他总要习惯性地走到大门边，使出全身力气挥鞭抽打正从大门边穿过的那些犹太人——他说这是为了在等着吃饭前提高他的食欲。"

无论是态度还是行为，特雷布林克集中营的指挥官弗兰兹·斯坦格尔和他的副官库尔特·弗兰兹中尉之间都有着极其明显的差别。斯坦格尔是一名奥地利人，以前是个织布商，当上警察局检察官后不久，便加入了纳粹的安乐死计划。他是一名忠诚的、有家室的男人，他是一名在圣诞节和复活节要参加弥撒仪式的天主教徒，他的天性中好像没有魔鬼成分，他与那些受害者也

没有多少直接的联系。受害者们很少看到过他，一般是在一列新运来的火车抵达时，他才穿着那身白色亚麻布骑马装露面，一副不像是坏人的样子。他后来说道，他把那些被驱逐者看作是非人性的"货物——我很少把他们看作是单个单个的人。他们总是一大群、一大堆地运

特雷布林克集中营指挥官弗兰兹·斯坦格尔穿着他惯常的那件白色亚麻布衣服，正与党卫队中尉库尔特·弗兰兹在交谈。

来。"他声称，他很自豪能够监视着几万、几十万的人被毁灭，尽管他每天晚上要喝白兰地才能入睡。他在战后曾说："那是我的职业，我很喜欢。它让我感到充实。"

而另一方面，在指挥权限上仅次于斯坦格尔的库尔特·弗兰兹被见到过他的人描述为"一个残酷到了极致的魔鬼撒旦"。作为布痕瓦尔德集中营的一名老兵和安乐死计划的一名经验老到者，容貌显得年轻的弗兰兹长着一副看上去很单纯的娃娃脸，囚犯们把他称作"玩具娃娃"。他以前是一名拳击手，所以喜欢把囚犯们当作沙袋来练拳。有一次，他挑战一名以前曾是职业拳击手并获得过奖的囚犯，但结果，他用隐藏在拳击套里的手枪打死了他。他好像也非常乐意把婴儿朝墙壁上抛扔。然而，使弗兰兹最有名的一点也许是他那只叫"巴里"的狗，他专门训练这只狗攻击受害者的生殖器。这只混血种狗高大得像一匹小马，不过，只要弗兰兹不在旁边唆使它，它实际上是一只很懒散的狗，对人不会有伤害。

集中营里的生活还有另外一面。党卫队军官们鼓励在服务的犹太人中间找乐趣消遣。他们支持谈恋爱，在囚犯们之间举行模拟结婚，允许下棋玩牌。在贝乌热茨集中营，星期天还在工作人员和犹太人之间举行足球赛。贝乌热茨集中营的一名幸存者说："当他们输了比赛时，他们没有怨言。"每一个集中营都有一支小型乐队，以帮助消解沉闷的屠杀生活，给工作人员带来一点乐趣。特雷布林克集中营的乐队演奏得最棒，乐队负责

弗兰兹的这支体形硕大、名叫"巴里"的狗（见下图）与他的主子一样，因对待犹太囚犯凶狠而臭名昭著。

人阿图尔·戈尔德战前是华沙一名卓著的音乐指挥，他是走在通向毒气室的队列中时裸着身子被揪出来的。戈尔德的 10 人小组身穿蓝白相间的特制套装，表演戏剧、小歌剧和其他特别节目。他们的演出是每天晚上集体点名时的例行之事，每次结束时，囚犯们都要高声唱着特雷布林克营歌，在戈尔德谱写的音乐中赞美"劳动、服从和职责"。

德国人非常清楚，这样的消遣活动会有助于防止囚犯们老想着逃跑或抵抗。集中营的顺利运营取决于犹太人的消极顺从，尤其是到了 1943 年上半年时，随着运输量的减少，德国监工们变得格外地小心谨慎。希姆莱曾命令要在 1942 年年底之前把波兰"大政府"辖区内的所有犹太人消灭干净，而这一目标大致上已经实现。贝乌热茨死亡集中营已经关闭了它的毒气室，而其他死亡集中营也放慢了杀人速度。只是因为要处置掉从荷兰、

无望者素描组图

"一列运载着犹太人的火车正驶向索比堡集中营。我们站在铁轨边，穿着铁路工人的制服，这样就不会被怀疑是逃跑的犹太人。远处，是尸体正在燃烧。"

有不少反映犹太人被迫害的艺术作品流传了下来，约瑟夫·里希特的素描图画便是其中的一些。这些素描是用铅笔在旧报纸或纳粹的宣传海报上匆匆画下来的，描绘了1943年卢布林市附近索比堡杀人集中营里的犹太人和波兰人的苦难遭遇。里希特笔下的主题都很清楚，给人以深刻印象，但这位艺术家本人的情况却一直是一个谜。有关他的生活、国籍甚或职业一概不为人所知，只知道

他把18幅素描留给了索比堡地区海乌姆村附近的一个农民，然后再也没有回来取走那些素描作品。也许，他是一名波兰铁路工人，一名持有假身份证件的犹太人，或一个从索比堡集中营逃出来的人。据信，他在1943年后参加了游击队抵抗组织很有可能已在战斗中牺牲。

这里展示的几幅素描作品都是可信的见证，配有里希特本人的文字说明，在每幅作品的背面还有他的签名和日期。

"犹太人正在等着从海乌姆开来的火车。他们是被乌克兰卫兵和德国党卫队从集中营送回来取行李的。"

"索比堡集中营。一座用树枝丫编织成的高墙隐藏着后边的毒气室，高墙后面的铁轨上隐藏着一列火车。整个运输分两段进行。下车时间，20分钟。"

"在索比堡集中营附近的乌赫鲁斯克车站，一名犹太妇女逃跑了，她的右手臂已断。德国党卫队并不想杀死她，这事由乌克兰警察来干。一个家伙正在铁路边挖墓坑，另一个家伙正等着枪杀她。她跪在地上求饶：'就一点伏特加酒了。'"

巴尔干半岛及波兰并吞区比亚利斯托克运来的一些犹太人，使得特雷布林克和索比堡死亡集中营还在运转。监工们知道这些死亡集中营的末日指日可数了——而那些劳动服务的犹太人可能在开始想方设法，争取逃避最后等待着他们的命运。

集中营里的抵抗活动开始时是不顾一切的单独行动。1942 年 9 月，在特雷布林克，一位名叫迈耶·伯林纳的犹太工人在晚上点名时，从队伍中跨步走出，一刀捅进马克斯·比亚拉斯的后背，使这名党卫队士兵受到致命伤害。马克斯·比亚拉斯的被害使 150 名犹太工人马上遭到报复性的陪杀。接着，在 1942 年 12 月，几十名从比亚韦斯托克地区被驱逐的青年在特雷布林克的屠杀过程中奋起反抗。有一个人扔出一颗手榴弹，其他人用拳头和小刀进攻乌克兰人和德国人。犹太人为这种反抗付出了代价：从比亚韦斯托克来的年轻人全部被枪杀或毒死。

还有好几十次，从事服务工作的犹太人要么单独一人要么以小组形式试图逃跑。他们躲在正待发出的货车车厢的衣服堆里，或者在晚上溜过围墙。1942 年秋季，在听说被驱逐者的真实命运的消息后，波兰聚居区里成千上万的犹太人要么尽量躲避纳粹分子的围捕，要么从开往死亡集中营的火车上跳下来。

这些从集中营、聚居区和火车上逃出来的犹太人，只有极少数能够活着奔向自由或加入属于波兰地下组织的某些友好团体。许多幸存者一定会有马提·德罗布勒斯的感受，这位 12 岁的少年与他 14 岁的姐姐和 9 岁的弟弟一同从华沙的聚居区逃走。他后来说："我们以为我们是世界上唯一剩下的犹太人。我们会活下去，不过我当时相信我们是唯一的幸存者。我们在森林里四处流浪时，从未遇到过另外的犹太人。"

逃亡的犹太人所遇到的大多数波兰人都很冷漠，甚至怀有完全的敌意。他们的思想几百年来一直受到波兰的反犹太主义的影响，他们害怕德国人报复，他们相信向德国人告密就会得到回报的许诺。逃亡者在乡下感到并不安全，于是往往又回到城市的聚居区。在佐尔基夫聚居区，许多人逃到这里避难，他们被当地居民戏称为"跳车运动员"或"跳伞运动员"。但是，当他们的聚居区被选中要求提供更多的人去流放或押送到死亡集中营，这些逃亡者再一次面临着完全同样的问题。吉沙·佩特兰克从一辆开往贝乌热茨集中营的火车上逃走后，在佐尔基夫找到了避难所，但是，当这个聚居区的居民被强行逐往贝乌热茨时，他不得不又跳了一次火车。

犹太人对德国人的反抗一直是单独分散的，但到了 1943 年春，在华沙的犹太人聚居区里开始爆发了反抗。曾经是欧洲最大的犹太人聚居区到 1942 年秋季时已锐减到只有大约 7 万居民。在两个月的时间内，有 25 万多犹太人从那儿被驱逐到特雷布林克集中营，然后以每天 4000 人的速度被毒气杀死。

在 1943 年那个春季，仍然有两座"莱因哈德"死亡集中营在运营中，但人们开始变得不顾一切地要逃跑，要生存，要作历史的见证，这给生命赋予了新的意义。5 月份，当火车运载着被驱逐者从华沙抵达特雷布林克时，犹太人已经知道屠杀的消息，他们已经组建起自己的抵抗小组。在接下来的几周里，一些新到达特雷布林克的犹太人秘密地准备了一项详细的计划。策划者是总数达 60 多名的囚犯，他们秘密组成特别战斗小组，为起义的那一天做好准备。其中一名犹太锁匠复制了一把可以打开集中营军火库的钥匙，准备从那里偷出手榴弹和步枪，然后用手推车悄悄运送给战斗小组的成员。负责每天为集中营清扫消毒的工人在自己的喷雾器里装进汽油而不是消毒剂，以便使木制建筑物到时候能更容易地燃烧起来。

起义行动不得不一再推迟。但是，囚犯们预感到，整个集中营的运作业务——当然还有他们自己的生命——将很快结束。最后的时刻终于定在 1943 年 8 月 2 日下午 4 点 30 分。一切看上去都不错：集中营指挥官弗兰兹·斯坦格尔正在指挥所里与一位朋友喝酒，而他那位残忍的副官库尔特·弗兰兹因为天气太热正领着 20 个德国兵和乌克兰兵在布格河里游泳。

但是，未曾预料到的情况促使起义行动提前开始。由于一名党卫队军士已经起了疑心，不得不先杀了他，这离行动计划开始的时间还有大约 30 分钟。提前采取

1943 年春，华沙犹太人聚居区的居民们爆发了一次起义。为了报复，德国人把整个聚居区夷为平地。在被苏联红军赶出波兰之前，纳粹分子在占领下的波兰其他犹太人聚居区采取了类似的覆灭行动。

的行动使埋在地下的精密定时炸弹乱了套，也使偷出来的武器不能全部散发到战斗小组手里。尽管如此，起义者还是打伤了一名德国人、杀死或打伤6个乌克兰人，并放火烧毁了许多建筑物，但没有烧着毒气室。集中营里的850名工人设法逃了出来，享受到了一点自由，但为时不长。德国军队马上运来一火车的增援力量，追踪逃亡者，结果只有大约100人逃过了布下的罗网。能从这场战争中幸存下来的人就更少了。但是，这几十个人应该感谢他们及时地举行了起义。在这次起义后仅17天，即8月19日，特雷布林克集中营运来了最后一列满载着被驱逐者的火车，这一趟是从比亚韦斯托克聚居区运来的。与此同时，在索比堡集中营，起义的策划小组在1943年年初翻来覆去地进行了多次密谋策划，但都未果。6月份，起义行动又出现了新的紧迫性，当时，有600名原来待在贝乌热茨集中营的工人在完成了焚烧尸体的工作后被运到索比堡，准备予以杀掉。到达索比堡的运输车晚点，这预示着类似的命运将等待着这批工人。在那个夏季，集中营里的囚犯们密谋了好几次逃亡计划，但都流产。这些计划包括单独行动给党卫队工作人员的食物里放毒，贿赂乌克兰卫兵把卡车开进来，放火焚烧服装库房，修建地道等。有一次，德国人发现了一条地道，便报复性地杀死了150名囚犯。囚犯们好像缺少一名能干的策划和实施大规模逃亡的领袖人物。

索比堡集中营所需要的这样一名领袖人物于9月末

随同 2000 名犹太人从俄罗斯的明斯克市坐火车来了。他便是亚历山大·佩切尔斯基中尉，他和火车上另外大约 100 个人是在苏联红军中作战时被俘的。佩切尔斯基曾经试图从战俘营里逃走，没有成功，但现在还想再试一试。他到达索比堡集中营才一周时间，便以他那不屈不挠的自信精神和果敢行为给其他囚犯留下了深刻影响，他们让他负责地下秘密工作，准备组织一次集体大逃亡。

佩切尔斯基把起义的日子定在 10 月 14 日。这一点也不为时过早，因为最后一列运往索比堡准备接受毒气死刑的被驱逐者在 11 日到达。在发起进攻的时候，有十多名党卫队士兵在度假，包括集中营指挥官。佩切尔斯基的第一步计划是要干掉剩下的主要工作人员。下午 3 点 30 分开始，党卫队的各个军官被各种借口一个一个地诱骗走，有的去裁缝店，有的去鞋店，还有的去车间和仓库。一会儿叫一个去试穿衣服，一会儿叫另一个去服装仓库的角落里，说要给一件漂亮的大衣。而手拿斧头的囚犯战斗人员正等在每个站点准备袭击和杀死德国人。到下午 5 点时，已有 8 名党卫队成员被杀死了，电话线和输电线已被切断，那名专门修理炉子的犹太人已悄悄从乌克兰人的军营里偷出 6 杆步枪——这一切都是在没有惊动集中营剩余的工作人员的情况下进行的。

佩切尔斯基的第二步计划甚至更为大胆。该计划要求像平常一样在傍晚叫集中营里的 600 名囚犯出来集合点名，好像没发生任何事情似的。他们要在群龙无首的乌克兰卫兵意识到缺少什么之前走出集中营的大门。但是，当囚犯们集合时，队列中洋溢着控制不住的激动之情。一名德军士兵注意到人群中的推推搡搡，便走过来干涉，他很快被几把短柄小斧击倒。囚犯们试图冲进弹药库夺取更多的武器，但未成功。就几分钟的工夫，佩切尔斯基及其他几位首领失去了对起义的控制。恐慌不已的囚犯们在德国人和乌克兰人的炮火下，突破围栏，闯进了那边的致人死命的地雷区，从已经炸飞的同伴的尸体上爬过去。他们打死了至少 13 名敌军，其中包括11 名党卫队成员。

接下来是一片混乱。直到早晨，德国人才在空中侦察机的协助下，组织了一次大规模的搜查。他们一路追踪，打死了大多数逃亡者。也许有 70 名索比堡集中营的逃亡者从那场战争中最终幸存下来，其中包括英勇无畏的佩切尔斯基和另外五六个苏联红军战士，他们一路穿过布格河，又重新加入到苏联红军中。

特雷布林克和索比堡集中营的骚乱极大地震惊了希姆莱，他下达命令剿灭了另一次即将爆发的起义。11月初，在波兰东部其他类型的集中营里，有大约 42000名正在从事奴隶劳动的犹太人被枪杀。

"莱因哈德行动"就这样寿终正寝了。在这 3 个杀人集中营里，约 170 万人在 19 个月内被消灭了，其中大多数是在 1942 年。犹太人聚居区已基本清除了，很少还有犹太人居住在"大政府"的辖区内。新建的、经过改进的奥斯维辛集中营毒气室现在能够满足要求，屠杀来自欧洲其他占领区的犹太人。

同年秋季，在希姆莱的命令下，已采取谨慎措施消除了那3个"莱因哈德"死亡集中营的一切痕迹。建筑物已被推倒，夷为平地，而种上了草、豆类植物和松树。那些乌克兰卫兵每人得了一点钱，他们及其家人可以住在那儿，一方面从事农耕，另一方面也守卫着地盘免遭附近波兰人的骚扰，因为已经有波兰人在贝乌热茨集中营挖掘整修一新的地面，寻找金子及其他贵重物品。在特雷布林克，那个农民以前就是一名卫兵；他的房子是用被推倒的毒气室的砖块砌成的。

"这是我们历史上光荣的一页，这一页历史以前从来没有人写过，以后也不会有人写。"希姆莱在索比堡集中营暴动前10天曾狂妄地对一群高级官员这样说道。但是，有几十名不顾一切地从特雷布林克和索比堡集中营逃出来的人已经发起了反攻，他们在欧洲东部的森林里找到了避难所，现在，他们是希姆莱的走狗们未能埋葬掉的活的见证人。

党卫队的茹尔根·斯特鲁普（右起第四人）是这次华沙行动的指挥官，他正观望着聚居区建筑物被大火焚烧。他后来作为一名战犯被处死。

一个犹太人聚居区的消失

　　1943年4月19日，海因里希·希姆莱发动了一次旨在剿灭华沙犹太人聚居区的行动。时间是精心设计的：希特勒将在第二天年满54岁，这位党卫队队长想完成彻底解决方案中的又一项目标，以作为送给元首的生日礼物。19日凌晨，一支党卫队纵队在装甲车和轻型坦克的掩护下开进犹太人聚居区，沿着沙门霍夫大街包围了居住在那儿的6万名犹太人。

　　希姆莱的"生日突袭行动"遭到了犹太人的还击，他的党卫队方阵遭到一支犹太人游击队的伏击，犹太人使用小型武器从门道里、小巷里、屋顶上投掷自制的手榴弹和鸡尾酒酒瓶。6个小时后，德国人只好惊恐地撤退。第二天，党卫队又杀了回来，这次带来了一支2000多人的部队，但犹太人的抵抗仍然很顽强。原计划只需要3天的围剿行动结果花了艰难的长达一个月的时间。聚居区的反抗人员从未接受过训练，人数上又处于一比三的劣势，因此他们知道自己最终会失败的，但是他们决心要让纳粹分子为每一寸土地付出血的代价。其中的一名幸存人员亚力山大·多纳特写道，我们之所以举行起义，"仅仅是为了死得有尊严，而并没有一点点获取最后胜利的希望。"

　　党卫队士兵正在对位于华沙聚居区的一家德国军工厂的犹太工人进行搜身，检查是否藏有武器。白色牌子表明这些犹太人是德国的雇工。

175

一名犹太男子从一座冒
着火焰的公寓楼里跳到下面的
一堆尸体上（右图）。党派领
袖马雷克·艾得尔曼写道："万
能的火现在完成了德国人不能
完成的事。好几千人在这场大
火中丧生。"

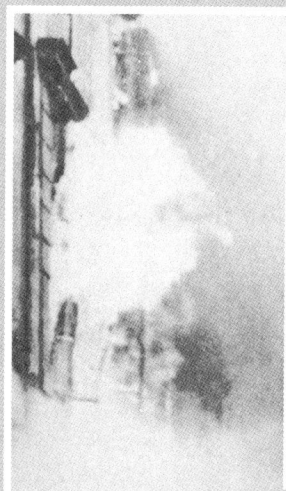

"一座巨大的
燃烧炉"

由于担心很难完全控制住每一座建筑物，斯特鲁普命令他的手下放火焚烧聚居区。德国工程兵井井有条地挨家逐户行动，他们给木地板和木楼梯浇上汽油，然后站到一旁，观看大火吞噬整个街区。

"聚居区变成了一座巨大的燃烧炉，没有新鲜空气，只有让人感到窒息的热浪和焦臭味，"一位居民很形象地这样回忆道，"大火的嘶嘶声和建筑物的坍塌声淹没了枪炮声，偶尔，风中还会传来人的一阵呻吟声或来自遥远的尖叫声。"

残垣断壁下的德国炮兵投入了行动。党卫队炮兵部队要彻底摧毁一切建筑物，以确保废墟中没有藏着犹太人。

4月22日，一支党卫队突袭队在聚居区的街道上巡逻（左图），伺机射杀任何试图从燃烧的住房里逃出来的犹太人。斯特鲁普解释说，用火焚烧聚居区是"击败地球上这些暴民和贱人的唯一和最终方式，只有这样，才能把他们引出地面。"

地底下的战斗

由于住房起了火，成千上万的犹太人为了逃避抓捕，转移到地底下的临时掩体、地下通道、甚至下水道里。一名敌后游击队员描述了他在下水道里待了两天，水都漫到了他的嘴唇边："随时都有人会失去知觉。口渴是最严重的问题。一些人甚至喝又稠又脏的下水道里的水。每一分钟都好像是在度日如年。"

当斯特鲁普及其手下试图放水淹没下水道系统时，犹太人的反击方式是炸毁水的控制阀门。于是，德国人采用把烟雾弹和毒气弹投进地下深渊的方式，以此来剿灭抵抗者。其他一些躲在地下的居民是被告密者和经过训练的狗找出来的。少数幸存下来的人被立即送往集中营。

4月27日，两名抵抗运动分子
向党卫队投降。其他一些犹太人又
坚持了3周时间，继续抵抗纳粹分
子，直到耗尽最后一点气力。

惊恐万状的犹太人在荷枪实弹的约瑟夫·布罗
什（上图，右侧）的威逼下从地下掩体里走出来。
布罗什这个家伙因其极端的暴行而被聚居区居民们
称作"恶魔"。

一名党卫队军官用手枪瞄着一名从地下掩体里
爬出来的犹太人。斯特鲁普是一个一丝不苟的详细
情况记录者，他把在这次战斗期间被摧毁的631个
地下掩体全部如数地记录了下来。

华沙城剩下的最后一些犹太人排着队前往火车站，等着被驱逐（右图）。成千上万的其他犹太人，像躺卧在瓦砾中、已经遇害的这一家人（见插入的小图），永远消失在聚居区的城墙之内，他们因饥饿、伤寒、枪伤或吸入了有毒的氯化物气体而死去。

失败的起义

5月16日，斯特鲁普宣布这次暴动已告结束。他得意扬扬地向他的上司们报告说，"华沙的犹太人住宅区已不复存在！"党卫队花了4个星期才清除掉一个街区，这个街区长不过1000码、宽不过300码，只占整个华沙市区的约2.4%。为了纪念这个"伟大的行动"，斯特鲁普炸毁了华沙的犹太大教堂，这是矗立在犹太人聚居区外面的一座标志性的建筑物。他报告了他的伤亡情况：死16人，伤85人。他这是在公然说谎，这只是实际伤亡人数的一小部分。

大多数幸存下来的犹太人最终还是死在了集中营里。在最早的750名武装起义者中，只有不到100人设法逃脱了德国人的魔掌。

在奥斯维辛集中营以外
的地方

德国人严禁任何人对他们的死亡集中营拍照。然而，在1944年春季，不知因何缘故，党卫队军士伯恩哈德·瓦尔特竟得到允许，拍下了一火车匈牙利犹太人正被送往"白桦林"毒气室的情景，"白桦林"是奥斯维辛集中营的杀人中心。一名犹太幸存者在战争刚结束时发现了这本相册，这是唯一已知的可视性记录资料，反映了工厂般的流水线程序如何把新到来的犹太人变成"白桦林"的最终产品，即死者的骨灰。

这里以及后面几页选登了一些照片，首先展示了党卫队士兵如何在专门修建的一个火车站迎接到来的匈牙利犹太人，然后，迅速把这些受害者转运到"白桦林"。在一次所谓的"挑选"仪式上，一名党卫队士兵正在示意所有的新到来者（身体最强壮的人除外）转向左边，加入到如图中上端所示的那支长队列中。他们被告知是排队去洗澡的；而事实上，这是通向死亡毒气室的。那些被示意到右边排队的人将作为奴隶劳工，在经过很短一段时间的折磨、食物克扣和过度劳动后，最终也会死去，或被杀死。纳粹分子实施这种暴行时早已变得心里麻木不仁——那些未被列入劳工名单的犹太人可能在下火车后两小时以内就会被杀死。

男人与妇女和儿童被强行分开，他们还不知道这就是永别。

这些匈牙利犹太人在
"白桦林"下车时，因前
途未卜，一脸茫然和恐惧。

一名党卫队士兵（中间靠后、右臂抬起者）拐棍一挥，便把一名老太太和一名蹒跚学步的
孩子送向了死亡。

队列的终结

在"白桦林"杀人中心，德国人一直在盘算着效率的问题。所以，身强力壮的囚犯们因其强壮的体力和特殊的技能可以暂时免于一死，而那些老人、小孩和母亲们对纳粹帝国来说却没有任何利用价值。对于这些人来说，在死亡之前不存在中间阶段。

当奥斯维辛集中营的奴隶劳工因人数太多而超过了它的承受能力时（这在匈牙利犹太人被驱逐期间是经常发生的事），一个犹太人即使身体很强壮，也往往难逃马上送死的厄运。没有人会耐着性子去挑选的；所以，只需简单地一挥手，整列火车的犹太人便被直接送进了毒气室。一名犹太医生是奥斯维辛集中营的幸存者，他报告说，有一天，死在毒气室里的人特别地多，紧接之后的第二天早晨，他曾注意到焚尸炉烟囱顶端的避雷针都扭弯变形了，因为焚烧的尸体成千上万，其产生的热量实在是太大了。

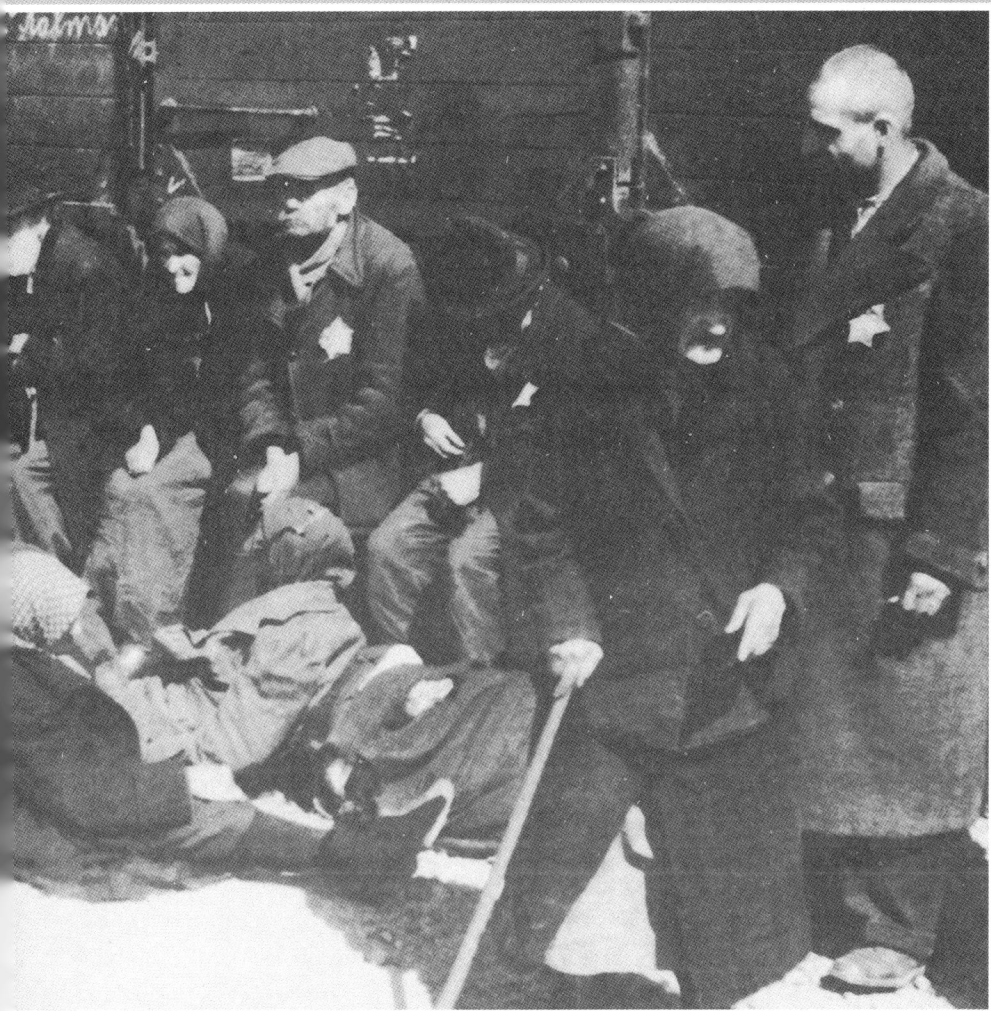

在拥挤不堪、令人窒息的火车上饱受两天半的折磨之后，一些老人已变得十分虚弱，坐在铁轨边无法站起来去排队接受挑选。一会儿之后，一辆倒垃圾的车会把他们送到毒气室，然后像卸煤炭似的把他们倒在地上。

一个怀里抱着婴儿、旁边跟着另外 3 个孩子的妇女在不明真相的情况下领着穿戴得严严实实的孩子们步履艰难地走向"白桦林"的毒气室。

无情的报复

那些没有被马上杀死的人通常面临着更惨的命运。首先，他们的衣服和随身物品将被拿走，头发将被剃掉，身上的虱子将被除掉；然后，将在他们的手臂上印上号码。在这整个过程中，他们免不了要遭受党卫队士兵的责备、谩骂和鞭打。

再接下来，他们得知了"白桦林"的黑暗秘密：他们在火车站站台上最后一眼相见的亲人随同其他无数的犹太人现在已经死去，他们的身体已化作灰烬。

幸存者们的震惊和痛苦不久便被集中营里的残酷的生活现实麻木了。非人的劳动折磨、野蛮的拳打脚踢、饥饿以及稍有不慎就有可能遭到杀害，这使得囚犯们在这地狱般的现实中平均只能多活3个月，然后，轮到他们自己走进毒气室。

被剃掉了头发、同时也被剥夺了尊严的女性奴隶劳工们排着队从虱子清除站前往她们的住地。

径直前往虱子清除站的新劳工们传递着先期到来的受害者的私人物品。

在奥斯维辛集中营，被挑选出来做工的犹太男人站在那儿，一无所有，一片茫然。

对受害者的掠夺

被驱逐到奥斯维辛集中营的每一个家庭允许携带 50 公斤的行李前往他们的"移居地"。由此带来的大量私人财物先被充公，然后拉到"白桦林"的一个被称作"加拿大"的角落里——这是故事书中讲到的有关财富的一种寓意象征，而与之形成对照的是，在集中营的其他地方却普遍是匮乏和堕落。

颇有讽刺意味的是，对这些掠夺品的分拣和处理工作是十分严格的，无需党卫队人员去做，也无需非犹太囚犯去做。只允许犹太人从事这一残酷冷漠的特殊工作，因为没有犹太人会活着离开集中营，所以他们中也就没有人会有任何动机去窃取贵重物品。尽管规定很严格，还是有卫兵和囚犯设法偷取了一部分掠夺品，包括现金、珠宝、金子、衣服、雪茄和一些好吃的东西。"加拿大"的一名女工人每天早上穿着一位同伴囚犯的破旧无用的鞋子，劳动时换上一双新的，然后在晚上穿着这双新鞋回到住地。另外有些囚犯工人会给自己正在挨饿的同伴带点食物回来。

男性囚犯们正在犹太人曾经住过的地区搜寻残余物。到1944年时，大量未经分拣的物品已经堆积了两年，有些在室外的已开始腐烂。

年轻健康、穿着得体的女工们正在一堆掠夺品中搜寻有价值的东西。许多较为珍贵的东西早已被饥饿的囚犯们翻了个底朝天。

黑暗的门槛

在运来的每一趟火车中，或许有 3/4 的犹太人被直接送进了毒气室和焚尸场。但是，对匈牙利犹太人的加速驱逐——其目的是为了赶在不断挺进的苏联红军解放匈牙利之前全部清洗掉这个国家的犹太人社区——却使整个杀人系统不堪重负。像右图中的这群刚从火车上下来的受害者，无法把他们马上处死。为了保持镇静，德国人说是让大家冲一下淋浴，还给每人发了一点喝的东西，分配了住处，所以，大多数犹太人根本不可能认识到——甚至想到——那些从烟囱里冒出来的浓浓黑烟、空气中刺鼻的浓浓气味意味着什么可怕的事情。

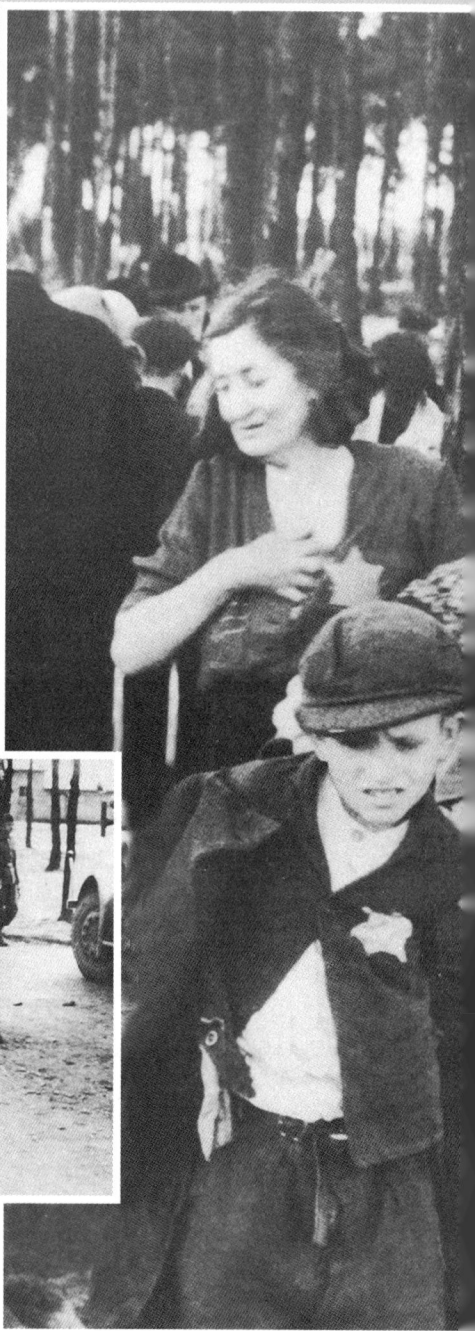

一名狂躁不安的囚犯，可能已感觉到等待着她及其同伴的命运的真相，马上被人控制起来。图中背景是"白桦林"的其中一个毒气室。

在这片使该死亡营得其名的白桦林里，面有恐惧但仍怀有希望的犹太人在被送进杀人中心之前，正在最后一站等待。

　　图中用石头砌成的建筑物是奥斯维辛1号集中营，周围布满了带电的铁丝网，牌子上写着："危险：高压！"许多逼得发疯的囚犯扑向这些铁丝网而自杀身亡。

4. 最后的杀人工厂

1941 年夏，一个名叫鲁道夫·赫斯的党卫队上尉发现自己不知不觉中接受了一项后来被描述成"既艰难又麻烦"的难题。赫斯是奥斯维辛集中营的指挥官，当时，这个位于波兰西南角的上西里西亚沼泽地区（这一地区已被德国并吞）的集中营规模还很小，还没有什么名气。自从 1940 年 6 月份开始运营以来，奥斯维辛一直是波兰政治犯的流放地。但是现在，赫斯被他的上司海因里希·希姆莱召到柏林，要给他委任一项新的、高度绝密的任务。希姆莱告诉他，已经决定要把奥斯维辛集中营建成一个杀害犹太人的主要中心。

这么巨大的任务并没有在赫斯身上引起任何明显的道德上的反感。他属于那种理想的党卫队军人，一名忠实而不容置疑的仆人。他生长在德国西南部的巴登-巴登州，责任感特强，以致他那位当店老板的父亲（一名虔诚的罗马天主教徒）要他成为一名牧师。但是，第一次世界大战的爆发诱使年仅 15 岁的赫斯参军作战，并在两年后成为德国军队中最年轻的未授军官衔的军官。战后，他成了准军事化组织"自由军团"的一名成员，因参与一次右翼政治团体的谋杀行动而蹲了 5 年监狱——那可能是他唯一一次亲手杀人。1934 年，他加入了纳粹党卫队，在达豪集中营和萨克森豪森集中营的军涯仕途上一路扶摇直上。

赫斯为自己能被上司选中承担这一任务感到自豪，不过，他也为集体屠杀所需要的那些实用的机械设备感到发愁。他深信，以前用于安乐死计划、后来又在其他死亡集中营里采用过的那种一氧化碳毒气法对于大规模的屠杀并不实用，他要寻找一种更有效的方法。1941年9月，即赫斯与希姆莱会谈后不久，他在奥斯维辛集中营的一名副官开始实验一种可行的解决方案。

已经接到上面下达的秘密命令，要处死一批从其他集中营转运来的苏联战俘。赫斯的副官把这些战俘塞进一排排地下囚禁室里，然后扔进一种颗粒状的被称作"旋风B"的物质。通常情况下，这种物质是为了给军营和衣服消毒杀菌而当作一种杀虫剂来用的，它由氢氰酸晶体构成，是一种固体化学物质，而一旦与空气接触，会转变成剧毒的氰化氢气体。这些颗粒状物质散发出一种刺鼻的、杏仁般的气味，可在几分钟内毒死那些苏联战俘。好几百名其他苏联战俘和患了病的波兰囚犯也成了进一步实验的牺牲品。赫斯后来曾这样写道："我戴着防毒面具，亲自观看杀人过程。在那些拥挤的囚禁室里，只要把（旋风B）扔进去，死亡就降临了。只听到一阵短暂的、透不过气来的叫喊声，然后一切就结束了。"

"旋风B"只需要一氧化碳毒气的一半时间就能让人死去，赫斯后来回忆说，他"对这一试验的效率感到

"旋风B"原本是一种杀虫剂，首次于1941年9月用在苏联战俘身上。在发现它的效用后，鲁道夫·赫斯命令制造商想办法清除掉那种很明显的难闻味，这样一来，人们就不会太在意那可怕的难闻气味了。

奥斯维辛集中营的工人们穿的是发给他们的条纹布衣服，如图中这件破旧的夹克衣。穿着缝补得很好的衣服，会得到鼓励。根据一名幸存者的说法，囚犯们经常会从一位已经倒下、"身体仍有余温"的同伴身上脱下木屐或一件外衣。

无比的激动"。发现"旋风B"能如此有效地杀害人命，这一定让他当时觉得这是最合适的杀人方法。多年来，他的上司希姆莱及其他纳粹上层人物一直把犹太人看作只不过是蛆虫而已。现在，一种新的杀虫剂已经实验出来，可以用作他们的屠杀工具了。赫斯曾写道，这"让我心里安定下来了。现在，我们有了这种毒气，我们已建立起一套新的程序"。

与那些"莱因哈德行动"集中营相比较，奥斯维辛集中营的具体杀人技术并没有什么不同，而不同的是杀人方法。它迅速发展成为最大的德国集中营和杀人中心，由分散在大约20英里范围内的3个大营地和30多个卫星营地组成，最高峰时曾关押过将近 16 万囚犯。
满载着犹太人的火车不仅从波兰运到这里，实际上还来
自德国占领或结盟的每一个国家。奥斯维辛集中营的犹
太人与吉卜赛人、波兰人和苏联战俘们一道，开采煤矿、
制造合成橡胶和汽油，以及从事其他军火工业的生产。
他们忍受着极其恶劣的、非人的工作环境，这里简直是
"另一个星球"。一位名叫海因兹·蒂洛的党卫队医生
形容奥斯维辛集中营是"世界的肛门"。这里的绝大多
数工人要不了几个月就会劳累而死，他们的尸体在赫斯
为毒气室配套而建的焚尸炉里被焚化掉。党卫队军官们
经常恫吓那些想着逃跑的囚犯说："唯一的出口就是从
烟囱冒出去。"

　　与那些"莱因哈德"集中营一样，奥斯维辛集中
营的主要产品也是死亡，而不是合成橡胶或军火。只是
在这里，运营的时间更长，杀死的人更多。通过"旋风B"
技术，通过枪击和绞刑，通过折磨、过度劳累、饥饿和
疾病，至少有 100 万犹太人和 25 万多其他的人死在了
这里。

　　在经过几个月把原有焚尸炉进行改装、并在一些
俄国人和波兰人身上完成杀人实验之后，赫斯于 1942
年春季开始把"旋风B"技术用来大规模屠杀犹太人。
5 月 4 日，在奥斯维辛进行了首次彻底清除式的屠杀。
那天，大约 1200 名新近从德国、斯洛伐克和法国运来
的犹太人被毒气杀死。

不久之后，赫斯决定迁移屠杀地点，因为首次屠杀地点在集中营的囚犯面前太显眼了。他把屠杀活动转移到一个新建立的、位置更偏僻的营地。新杀人营地位于奥斯维辛主营地以西大约两英里处的两幢旧农舍里。旧农舍被粉刷一新，屋顶盖上了麦草，隐蔽在一处茂密的树林里。德国人把大多数窗户都堵死了，并增加了隔绝空气的内墙和门，把两幢农舍（被分别称作 1 号舱和 2 号舱）再划分开来，于是有了 4 个毒气室。这个新的杀人中心被称作"白桦林"，因为周围长有漂亮的密密麻麻的白桦树。尽管历史材料经常沿用这一名称，不过，它仍然是奥斯维辛集中营的一部分。

赫斯及其手下的党卫队人员不断地在琢磨着他们的杀人技巧，不断地在吸取经验教训开发出新的杀人程序。他成了一名凶残的职业杀手，成了"莱因哈德行动"死亡集中营的主要刽子手维尔特的竞争对手，后者仍然固执地赞同使用一氧化碳毒气法，尽管"旋风 B"毒气法具有明显的优势。这两个家伙不愿意统一思想。

赫斯碰到的很难办的一件事是让他的受害者们在被欺骗进入毒气室之前脱掉衣服。第一批被驱逐者是完全穿着衣服被毒死的，他们的衣服上沾满了粪便、尿液或经血，没有一件可以留下来供以后再使用。后来的被驱逐者在进入毒气室之前被强迫在露天里脱光衣服。当赫斯注意到这让他们感到尴尬和恐惧时，他便指示可以使用旁边的军营，这样，男人和女人可以稍微隐蔽地脱

衣。他在后来曾写道，"非常重要的是，要让到达和脱衣这整个事情是在尽可能安静的气氛下进行的。"为了达到这一目的，他组建了一支女囚犯弦乐队，让她们穿上白衬衣和深蓝色的裙子，要她们在满载着被驱逐者的火车到达奥斯维辛车站时演奏欢快的曲子。被驱逐者们从车站排队步行或坐卡车前往"白桦林"。

奥斯维辛集中营的乐队正在为囚犯们表演。乐手们演奏的都是欢快的曲子，如肖邦的一些节奏欢快的曲子，弗兰兹·莱哈尔的《风流寡妇》选段，以打消囚犯们刚下火车时的恐惧感。

尽管有了这些改进措施，在"白桦林"运营后的开始几个月里，硬件设施很明显还是不足以进行大规模的屠杀行动。希姆莱于当年夏天参观了这个集中营，他同意赫斯的宏大的扩建计划。于是，成群的囚犯开始修建一组由4个构成的、技术堪称精湛的杀人中心。每个杀人中心就是一个砖砌的大焚尸场，在同一个屋顶下包含了整个屠杀过程所需的一切必要设施，先是脱衣，然后是施放毒气，最后是在特别设计的焚尸炉里进行焚化处理。

第一座焚尸炉是在1943年3月开始运营的。一批从柏林赶来的名贵客人目睹了首次屠杀的特别节目：接受毒气和焚尸的犹太人来自波兰的克拉科夫。新增的焚尸炉是在接下来的3个月里完工的。这4个杀人中心总共有6间毒气室，14个炉子，一天可焚烧的尸体高达8000多具。然而，由于是斜坡式的屋顶、老虎窗、粗大的烟囱和优美的周围环境，这些只有一层的红砖建筑物乍一看像德国的现代工业厂房——也许还以为是大型面包烤房呢。

"白桦林"的焚尸场给大规模屠杀带来了新的高效率。在其中最大的两个焚尸场，受害者们顺着一段台阶向下走进地下的杀人中心。党卫队刽子手把人们一群群地赶进宽敞的换衣间，说是要洗澡，劝人们脱掉衣服，把衣服整齐地挂在编了号的衣钩上，然后把他们推进毒气室；最大的毒气室面积有250多平方码(1码等于0.914米——译者注)。除了一些假的水龙头和淋浴喷嘴外，毒气室里还有一排钢筋水泥立柱，每根立柱的周围是几根从地板一直延伸到天花板的金属管子，金属管是空心的，上面有孔。

沉重的钢门刚一锁上，一辆涂有假的红十字标志的救护车便停在了焚尸场外边。那些所谓的消毒人员——戴着防毒面具、拿着装有"旋风B"的绿色锡皮罐子的党卫队人员——从车里跳出来，跨步走到长满青草、盖着毒气室的平台上。他们揭开隐藏在平台上面、看上去像蘑菇的钢筋水泥暗门，然后敲开锡皮罐子。所需要的"旋风B"量事先已精心计算好；研究人员已经确定，要毒死人类，平均每千克体重需要一毫克的剂量。

"好啦，给他们一些好东西去嚼吧！"这是军士长奥托·莫尔发出的残酷信号。听到这一声命令，"消毒人员"便把豌豆大小的颗粒物通过管道倒进穿了孔的柱子里。接着，那些曾把受害者们从火车站运到这儿来的卡车上的发动机开始快速运转起来。根据曾经在这个死亡集中营服刑过两年半、专门从事尸体处理的菲利浦·穆勒的回忆："有的人发出让人心悸的哭叫声，有的人在求救，有的人在祈祷，有的人在暴躁地又敲又打。"

"旋风B"晶体物蹦跳到柱子的底层，然后开始升华为氰化氢气体。年幼者和年老者先于其他人死去，因为毒气首先弥漫的是室内的底下部分。身体强壮些的人向着上面空气稍多的地方挣扎着，相互抓挠着，践踏着，爬过一层层的尸体，想多获得一两分钟的生命。但仅在几分钟内，从孔洞中渗漏出的致命气体弥漫了整个毒气室，即使最高大、最强壮的人也被窒息而死。"毒气产生效果所需要的时间因天气情况而有所不同，"赫斯解释说，"要取决于天气的潮湿或干燥程度、寒冷或温暖

1942年至1943年冬，一支劳工大队正在"白桦林"的一个新建的地下毒气室的上端铺放钢筋水泥天花板。焚尸炉就修建在上面；毒气室里的尸体由电梯提升到上面的焚尸炉。

在一名党卫队士兵拍摄的这张照片里，"白桦林"的囚犯们正在清理一间焚尸场。尸体由小推车送到焚尸炉。焚尸炉上有一个窥孔，可以观察正在焚烧的尸体。在嵌入的小图中，窥孔的铁盖上刻印着该焚尸炉制造商的名字"Topf"。

程度。这还要取决于毒气的质量（从来就没有完全相同过）以及运来的人的构成情况（运来的犹太人可能健康者居多，也可能老弱病幼者居多）。"

"至少等 20 分钟后，"赫斯继续解释说，"看不到有任何动静了。"值勤的党卫队医生通过门上一个窥孔观看，一直看到整个挣扎过程最后结束，然后发出信号，打开通风机，把毒气从室内排出。散发到露天空中的气体不再有害。然而，在某些纠缠在一堆的尸体缝隙之间，还残留着一团团的毒气，所以，负责处理尸体、清扫毒气室的囚犯们得戴着防毒面具才能进去。清理队把纠缠在一起的尸体掰开，取下金牙齿，剪掉女人的头发。然后，他们用一根皮带拴住尸体的手腕，把它拖到升降机上，一次只能拖出一具尸体。升降机把尸体运送到上面一层的焚尸间。

焚尸间像一座地狱，咆哮不停。菲利浦·穆勒回忆说："从它里面蹿出来的火焰，其力量和热量都非常猛，整个屋子都在发出隆隆的响声，都在颤动。"每个毒气室有 5 个焚烧炉，而大多数焚烧炉又有 3 个隔间。每个焚烧炉的火炉架下，由于借助于电风扇的力量，都在不停地吐着火舌。每两个囚犯一组，负责每次把 2 具或 3 具尸体堆到一个金属担架上，然后把它提升到焚烧炉开口处的滚筒边。他们先把担架推进去，用一个大的金属钩把尸体钩到火炉架上，然后再把担架退出来。大约 20 分钟内可以焚烧 3 具尸体。接下来，囚犯们拿着金属刮刀把灰白色的骨灰从炉子的底部掏出。这最后的一点残骸用车运到附近的一条河边（要么是维斯图拉河，要么是索拉河），然后倾倒进水里。

为了使焚烧过程的效率更高，也为了节省焦炭，1943 年秋季在奥斯维辛集中营的其中一个焚尸场进行了一系列令人发指的实验。拓普父子公司（制造和安装这些焚尸炉的那家德国公司）的技术人员前来对不同类型的焦炭和尸体的可燃性进行测验。他们得出的结论是，最佳装载的焚尸炉应该包括一名营养好、燃烧快的成人、一个孩子和一个已经被集中营苦役折磨得只剩下皮包骨的瘦弱不堪的成人。这种尸体组合一旦着火，会继续地燃烧下去，而不需要消耗更多的珍贵的焦炭。

除了焚尸炉偶尔出现过热问题或其他某些技术问题之外，赫斯的杀人系统总的来说效率不错。满载着犹太人的一列又一列火车从法国、荷兰、德国以及其他国家源源不断地运来，这些乘客下车后仅在几个小时内化为灰烬。屠杀行动的效率非常高，几乎很少出现较大的破绽，这使得这些行动不断染上传奇和神秘的色彩。

1943 年 10 月 23 日，随着大约 1700 名波兰籍犹太人从德国的贝尔根－贝尔森集中营运来，发生了一次意外。这批犹太人已经反复多次遭到纳粹骗术的折磨。许多人拿的是前往南美国家的签证，他们是在去年波兰犹太人聚居区发生暴动期间被"盖世太保"的许诺从隐藏地骗出来的，当时，"盖世太保"许诺说允许他们移居国外。为了获准出国，许多人付出了大笔贿赂。但结果是，他们先被迅速运往贝尔根-贝尔森集中营，然后在打着要把他们送往瑞士获得自由的幌子把他们运到奥斯维辛集中营来了。有关他们被赶进"白桦林"杀人中心时发生的事情，各种说法不一。不过，根据菲利浦·穆勒的说法，当有一半多的犹太人被推进毒气室时，剩下的那些仍然还在换衣间的犹太人开始怀疑起来，并拒绝脱衣服。党卫队士兵变得紧张起来，冲进去用棍棒一阵乱打。

穆勒写道，正当这些犹太人要开始屈服时，突然，两名党卫队士兵"停了下来，他俩被一位长得特别漂亮、有着一头乌黑头发的女人吸引住了。这位正在脱右边鞋子的女人一觉察到那两个家伙正色迷迷地看着她，便马上故意做出一副挑逗和引诱的脱衣舞动作。她已脱下衬衣，正戴着乳罩站在她的好色的观众面前。然后，她在一根水泥柱上用左手臂支撑着身子，右脚稍微抬起，弯着腰去脱鞋。"

当这两名党卫队士兵惊喜地站在那儿看时，这位妇女猛地举起鞋后跟朝其中一个家伙的额头上砸去。当他痛得跪下身去时，她夺过他的手枪，朝另外那名德国人——党卫队军士长约瑟夫·施林格开枪。施林格在奥斯维辛集中营是一个令人深恶痛绝的施虐狂，经常趁囚犯们吃饭时掐死他们，此刻，他受到致命的伤害，瘫倒在地板上。在接下来的一片混乱中，那位妇女还打伤了

另一名党卫队士兵的大腿。其他妇女也赤手空拳地与德
国人搏斗起来。整个换衣间顿时一片黑暗，德国人吓得
四处逃散。

　　很快，赫斯赶来摆平了事端。他召集了一个小分
队的党卫队士兵，全部头戴钢盔，还配备了探照灯、机
枪和手榴弹，包围了整个营地。那些已经关进毒气室的

1942 年 7 月，海因里希·希姆莱在奥斯维辛集中营视察。图为他在集中营指挥官鲁道夫·赫斯和法尔本橡胶工厂总工程师马克斯·福斯特的陪同下，从容地漫步在该集中营的工业厂区。当天晚些时候，这位党卫队头目便着手研究旨在扩大该集中营规模的计划。疲惫不堪的希姆莱正在擦着额头上的汗（右图）。

犹太人按照正常程序马上处死；其余的人被枪打死。死者中包括那位勇敢的妇女，后来查明，她叫霍洛维茨，一名来自华沙的前舞蹈演员。是她，如此戏剧性地打乱了"白桦林"的高效运转的杀人工厂。这是唯一一次有记载的事例：仅靠个人的力量在毒气室的阴影下有效地扳倒了纳粹刽子手。

奥斯维辛集中营的有些到来者获准可以继续待下去。对这些运来的被驱逐者的挑选工作是由集中营的其中一位党卫队医生在火车站旁边进行的。这位医生会仔细审视每位到来者，然后挑选出大约 1/4 适合干活的人——多数是男人，但也有一些健康年轻的女人。他的大拇指一挥，决定着一个人是生是死：挥向左边的，送去毒气室；挥向右边的，在左前臂上刺一个身份号码，剃光了头，穿着条纹制服，去从事繁重的苦力活。

除了集中营和焚尸场的日常所需外，党卫队还需要劳工从事一些获利的行业，如水泥厂、沙石厂和木器厂等。大多数劳动密集型产业都是德国的一些私人企业，它们分布在奥斯维辛及其卫星集中营

周围，雇佣着几万名犹太囚犯以及少量来自波兰、苏联、法国和英国的战俘。钢铁和军火巨头克虏伯公司生产炮弹的引火绳；大型电子产品制造商西门子公司生产飞机和潜水艇的精密部件。

在奥斯维辛集中营，当时规模最大的产业要数法尔本的石化联合企业建立的占地很宽的合成燃料和橡胶厂。该厂在很大程度上是由犹太劳工建设和运营的，生产燃料和一种由煤炭炼制的、称作"布纳"的合成橡胶，煤炭是由另一些囚犯在奥斯维辛周边的各个集中营开采出来的。囚犯们的营地位于奥斯维辛集中营本部以东几英里的莫诺维茨，与工厂连成一片，规模非常大，到1943年秋季时，已单独划为奥斯维辛 III 区。现已处在中间位置的原旧营地改称奥斯维辛 I 区，而靠西边的"白桦林"成为奥斯维辛 II 区。设在奥斯维辛的法尔本以及其他私人企业按每个技术工人每天 6 个帝国马克（1.50 美元）的高报酬付给党卫队，但集中营只给出不到 10 美分的少量钱来维持一个劳工的生存。工人们的午饭是一碗清汤，晚饭是一盎司面包，也许再加一点点黄油。他们忍受着最原始简陋的卫生设施，几乎得不到任何药品，尽管伤寒病及其他流行病肆虐各个营地。清晨，他们便踏着囚犯乐队演奏的音乐走出去劳动，晚上回来时，他们往往得搀扶着因饥饿、劳累过度或遭到监工们残酷毒打而瘫倒的同伴。党卫队招聘的许多监工本身就是德国的一些职业犯罪分子。

对于赫斯及其手下的党卫队亲信来说，劳动只不过是最终走向死亡的一个中间环节。每次定期挑选时，工人们被迫裸着身子排着队，站在一名党卫队医生的面前，他的大拇指一挥，任何命中注定不再适合劳动的人就会被送往毒气室。首先遭殃的是所谓的"穆苏尔曼人"——那些因身体和精神消耗已被折磨得像僵尸一样的囚犯。身体健康的人在开始干活后，通常只能多活3个月左右，然后，用党卫队的残酷的黑话说，他们也"顺着烟囱出去"，而取而代之的是新到来的人。

除了从运来的火车上挑选工人外，党卫队医生们也挑选出一些被驱逐者，用来作为人体医学的实验品。例如，埃德蒙·科尼希医生曾在十几岁的犹太少年的大脑上检验电击的效果。海因兹·蒂洛医生仅仅为了完善自己的技术，在没有任何病症的人身上施行阑尾切除术和其他外科手术。这些给成千上万名囚犯带来极大痛苦、残害和死亡的实验在进行之后，还要写出详细的研究报告，并按期送回德国，在医学专业会议上宣读。

一位名叫威勒姆·汉斯·穆尼希的医生（一名细菌学家）与他的那些同事不一样，他尽力帮助囚犯们。他找来药品和食品，冒着自己的生命危险，悄悄治疗那些生病的囚犯。"一个人来到了奥斯维辛集中营，只有在刚开始的几个小时里还像一个正常的人，"他后来这样写道，"而一旦在那里待上一段时间后，其行为就不可能再像正常人那样了。在那种环境下，人

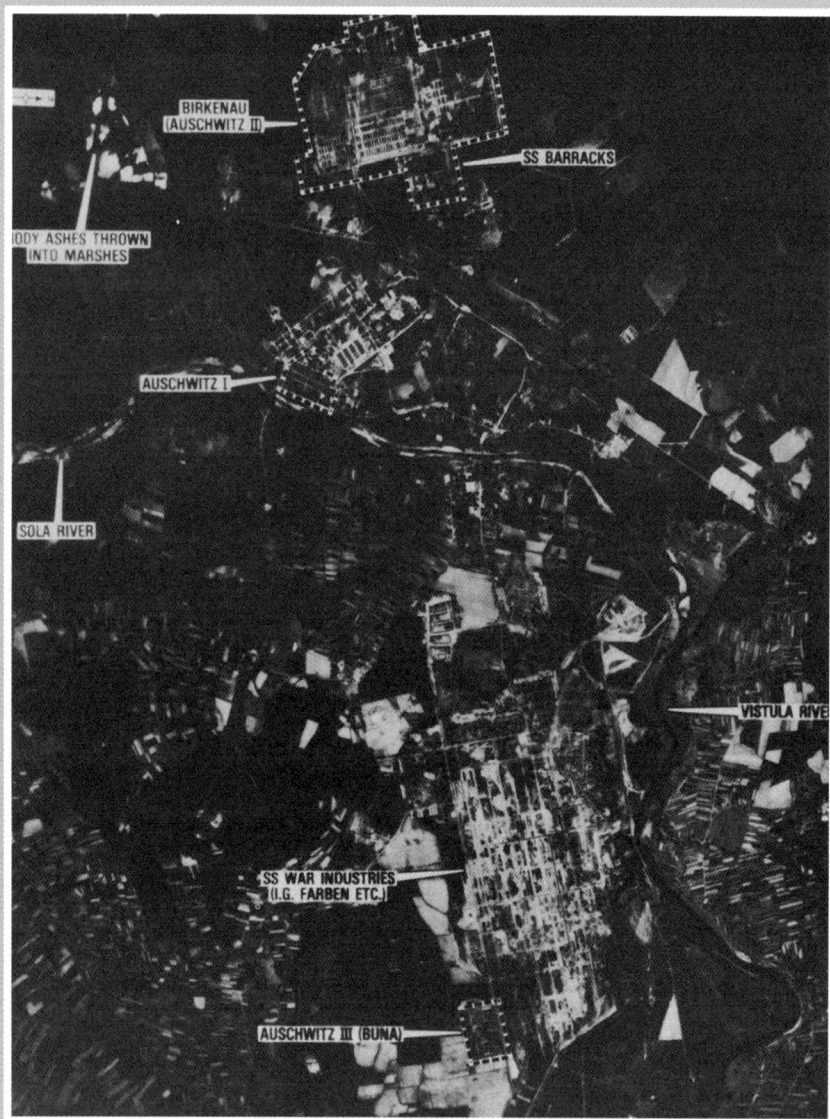

1944年6月26日，盟军飞机从大约23500英尺的高空拍摄到的这张照片显示了奥斯维辛1号、Ⅱ号和Ⅲ号集中营以及法尔本工厂的详细规划图。照片解说人员当时只是标出了工业设施的位置，没有辨认出毒气室和焚尸场的位置，这是直到该集中营被解放后才知道的。

人都同流合污了。"

希姆莱本人对奥斯维辛集中营的医学研究有着很大的兴趣。他尤其急于想找到大规模绝育的方法——如果成功的话，可替代直接屠杀法——1942 年，他派遣德国一流的妇科专家卡尔克洛贝格医生前往奥斯维辛集中营主持一项研究计划。克洛贝格的方法是把一些不同的化学物质注入犹太妇女的卵巢里，而其他一些研究人员实行的是其他方法。霍斯特·舒曼医生强迫男人和女人都服用大剂量的放射物；而集中营里的主任医生爱德华·维尔特医生则用外科技术来做实验。他们并未学到什么新东西，反而有时候给那些受害者造成极大的痛苦、严重的放射物灼伤、未老先衰直至死亡。多拉·克莱因（一名犹太囚犯兼医生，被迫在克洛贝格的诊所里当护士）回忆说："我觉得自己身处一个半是地狱半是疯人院的地方。"

在奥斯维辛集中营所有的医生和医学研究人员中，令人记忆最深的要数约瑟夫·蒙格尔医生了。32 岁的蒙格尔是一名长相英俊的巴伐利亚人，获得过医学博士学位和哲学博士学位，曾在东部前线负过伤。他是在1943 年春季伤愈后来到奥斯维辛集中营的。他喜爱音乐，研究但丁，经常焕发出一种使人消除敌意的迷人魅力，每次露面时，几乎总是穿着整洁一新的制服，显得十分优雅。奥斯维辛集中营的一名女性幸存者回忆说："他身上总是散发出一种好闻的香皂或香水味。"

　　不像许多党卫队医生那样，十分惧怕挑选工作，所以往往事先喝下大量的酒，蒙格尔津津有味地做着这一切。在考虑挑选什么样的人用作自己的实验品时，他很愉悦地炫耀着自己手中的生死大权，他是一边口中吹着瓦格纳的歌剧咏叹调一边示意哪些人该去毒气室的。一次，他从一辆刚开来的火车上把一群约100名犹太教教士带到一旁，为了取乐，他命令他们排成一个大圆圈，一边跳着舞，一边把他们送往毒气室。

　　蒙格尔在1943年10月犹太人的"赎罪节"那天，进行了他的最为稀奇古怪的一次挑选工作。约2000名男孩在一块足球场上集合，他骑着摩托车在场上吼叫着。他让一名卫兵在一根门柱上钉了一块木板，然后命令孩子们从木板下走过。孩子们马上就明白了：任何人达不到木板这一高度，就会被挑选出来送死。当时只有14岁、个子太矮的约瑟夫·克莱因曼后来回忆说，"人人都是百分之百地明白这一游戏的目的是什么。我们全都开始拉伸自己的身子。人人都想再高半英寸，再高一厘米。"

　　为了增加高度，小克莱因曼不顾一切地往自己的鞋里塞石头和布条。当他意识到自己还是太矮时，他设法藏在个头高的孩子们中间，躲过了这一关。有一半的孩子未能达到蒙格尔的这一任性的标准，他们被送去了毒气室。克莱因曼后来指出，蒙格尔实际上是在耍弄上帝："这个德国人知道犹太人在'赎罪节'这天默诵的传统祷告词，讲的是羊群从牧羊人（主）的鞭子下走过时，决定哪些羊将继续活下去。

蒙格尔是自愿要求前往奥斯维辛集中营进行研究工作的。战前，他曾在纳粹赞助的"法兰克福遗传和优生研究所"工作过，致力于研究希姆莱非常偏爱的一个项目：生物学上的人种差异。在奥斯维辛集中营，他挑选了大约1500对同种同族双胞胎进行研究，其中大多数是犹太孩子。这些人可以领到额外的食品，还有一点糖果，可以暂时免于一死，供他进行研究。

蒙格尔往往把一个双胞胎控制住，用另一个来做实验，并认真地用拉丁文和德文把数据记录下来。他抽取血液，注射化学物质，让实验品暴露在放射物面前，施行实验性的外科手术，还经常命令杀死双胞胎中的一个或两个，以便他做尸体解剖研究。也许因为他期望能够改良蓝眼睛的雅利安人种，眼睛色素沉积令他着迷。曾经被用来做实验的双胞胎之一维拉·克里格尔后来描述说，她在5岁时看到蒙格尔的实验室墙上展示的标本，感到十分震惊——几十双人的眼睛"像蝴蝶一样贴在墙上。"维拉和她的妹妹奥尔佳是从研究实验和奥斯维辛集中营幸存下来的不到200对双胞胎中的两个。维拉回忆说，蒙格尔也饶了她们母亲的命，因为"他想知道为什么我们的眼睛是棕色的，而我们母亲的却是蓝色的"。

其他一些生理反常现象也让蒙格尔入迷。为了证明一般人所说的犹太人基因退化问题，他挑选了一些身体有缺陷的人，命令处决他们，然后把他们的肉煮化，

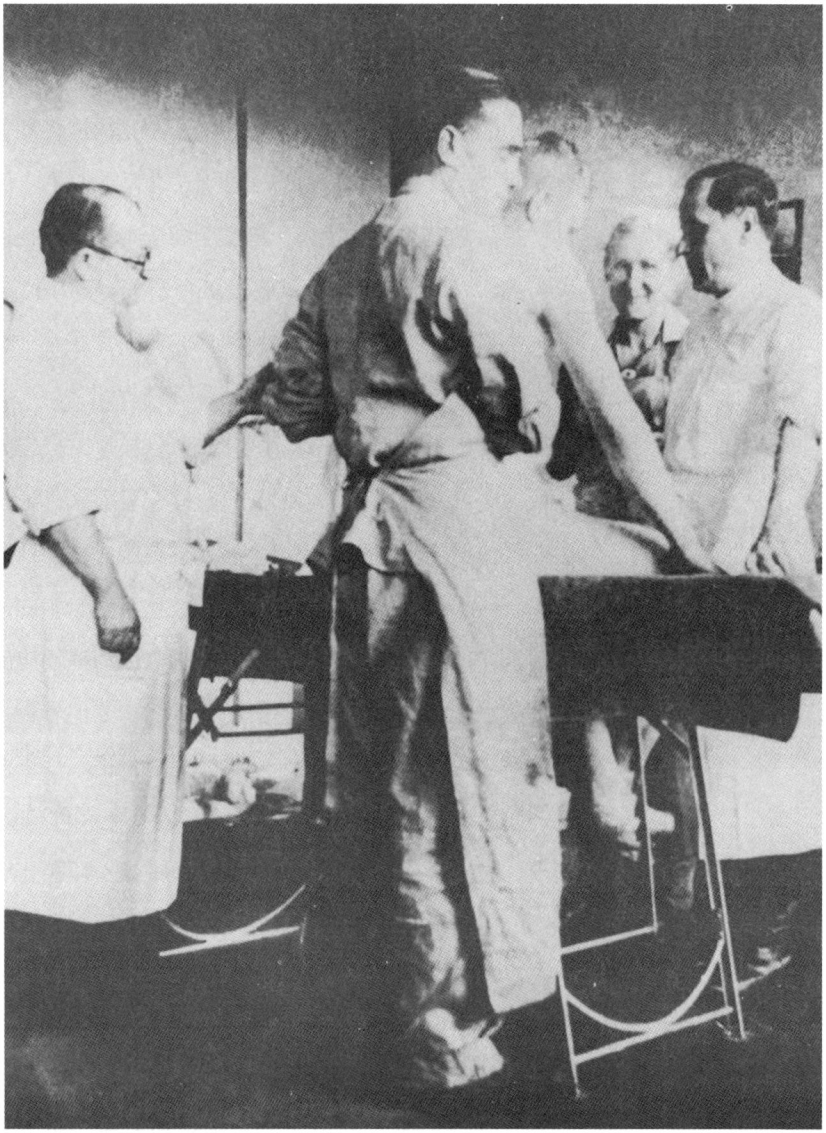

　　卡尔·克罗贝格医生（最左边）和他的工作人员正在给一名囚犯做手术。他告诉女性受害者，她们正在接受人工授精，而实际上，他给她们的卵巢里注射了一种化学物质，造成她们不再生育和极大的痛苦。

这样可以对头骨进行研究。在一群吉卜赛人中间，他发现一个十口之家竟有 7 人是侏儒。他在他们身上进行痛苦的实验，然后强迫他们当着一群党卫队士兵的面表演裸体动作。正如一名囚犯所说，他们成了蒙格尔的"私人动物园"。一位名叫奥尔佳·伦吉尔的囚犯医生说："他想干什么，就干什么。他不是一名学者专家，他是一个收集癖。"

蒙格尔收集用来做实验的那些吉卜赛人住在专门的吉卜赛人集中营，位于"白桦林"的 B2 区。该集中营是 1943 年 2 月建立的，当时，德国人开始把德国及欧洲其他地区的吉卜赛人驱逐到奥斯维辛集中营。在那之后，吉卜赛人集中营很快达到了能容纳 10000 人的规模。在它建立后的头 18 个月里，对待这些驱逐者的方式与对待犹太人不同。他们可以一家人住在一起，很少有人被迫在他们自己这个营地之外的地方劳动。甚至还有一个操场，吉卜赛人孩子有时候摆着姿势让德国摄影师拍照。因为宣传的需要，或者因为医学实验的需要，这些吉卜赛人都免于一死。接着不久，柏林下达了新的命令。1944 年，成千上万身强体壮的吉卜赛囚犯开始被运到其他集中营从事奴隶劳动。奥斯维辛集中营剩余的吉卜赛人——大约 3000 名——送进了毒气室，成为二战期间死于德国人魔掌的 25 万吉卜赛人中的一部分。

在奥斯维辛集中营的"白桦林"一带，除了这个吉卜赛人集中营外，德国人还设了一个不同寻常的集中营。这个位于 B2 区的家庭营地最早由大约 5000 名捷克犹太人组成；像吉卜赛人一样，这些囚犯也是以家庭为单位住在一起，他们有自己的乐队，可以免除强制性劳动。他们中的第一批是于1943 年 9 月从布拉格附近的泰雷森斯塔特前来的，那个地方被纳粹分子当作一个示范聚居区，但事实上，它只不过是一个伪装起来的中转地集中营。

希姆莱是在 1942 年建立起这个聚居区的，他把泰雷森斯塔特旧城区的居民全部迁走，重新安置了 5 万多名犹太人。这群犹太人中有杰出的艺术家和领袖人物，有第一次世界大战的伤残退伍军人，还有老人，其中大多数来自捷克的波希米亚和莫拉维亚两省。希姆莱要在泰雷森斯塔特创办一种样板式的聚居区，以反驳有关他的集中营种种暴行的说法。党卫队甚至还针对这个地方拍了一部宣传片，试图证明这里的犹太人待遇很好，生活很满足。事实上，有大约 3 万人因寒冷、疾病和饥饿死在了那儿，另外有双倍于那个数目的人被运往东部的死亡集中营。

尽管泰雷森斯塔特城的大多数被驱逐者一到奥斯维辛集中营便马上被毒气杀死，还是有少数人被送往那边的家庭营地，供希姆莱用来欺世盗名。为了进一步让

魔鬼医生约瑟夫·蒙格尔漂亮脸蛋下有着一颗"恶魔"的心。

世人相信奥斯维辛是一个良好的集中营而不是杀人中心，德国专门安排国际红十字会的一些代表前去参观家庭营地。允许营地的居民接收家人寄来的包裹，鼓励他们给朋友和亲戚写明信片。家庭营地的居民一般可以多活6个月的时间。然后，像奥斯维辛集中营的其他几乎所有人一样，虽暂时免于一死，却最终还是逃不过被送往附近"白桦林"杀人中心的结局。

希姆莱的骗术事实上很成功，"白桦林"在战争期间一直是保密做得最好的设施之一。尽管有好几次，关于大规模屠杀的事情已经泄露出去，但它直到1944年夏季才被外界发现。1942年，驻扎在柏林、负责获取"旋风B"颗粒物的党卫队军官库尔特·格尔斯坦中尉把这一切透露给了一名瑞典外交官。格尔斯坦是一名受过训练的工程师，他曾在那一年的夏天被派遣到那几座"莱因哈德"死亡集中营，他亲眼目睹了杀人过程。

格尔斯坦乘坐华沙开往柏林的特快回家，在车上，他偶遇一位名叫巴伦·冯·奥特尔的瑞典外交官。格尔斯坦满头大汗，感到明显的难受，这时，那名瑞典人给了他一支香烟，让他镇静一下神经。"你想听一个恐怖故事吗？"格尔斯坦问道。于是，他讲述着他在贝乌热茨、特雷布林克和索比堡集中营见到的一切，并特别提到了他提供给奥斯维辛集中营的那种毒气的用途。冯·奥特尔把他这次听到的令人震惊的谈话写了一份详细报告寄给斯德哥尔摩，但急于想与德国避免紧张关系的瑞典

217

政府没有公布这一情报。

无论如何，有关"莱因哈德"死亡集中营的确切消息不久还是传到了英国和美国。1942 年末，一位名叫扬·卡斯基的勇敢无畏的波兰地下组织情报员在获得了这几处集中营的第一手情报后，带着一份详细报告来到了伦敦。盟军当时还没有处于任何有利的军事位置，可以对这些集中营采取行动，所以也无能为力，只是发表了一些严正警告，反对这种"野兽般的犯罪行为"。但是，即使在"莱因哈德"死亡集中营停止运营后，奥斯维辛集中营仍然不为外界所知；许多报道在谈及从西欧运走的那些被驱逐者时，都说"目的地不详"。一些零散的报道未能引起伦敦和华盛顿的高度重视。事实上，1944 年 4 月 4 日，一架美军侦察机恰巧飞过奥斯维辛上空，并拍下了位于莫诺维茨的法尔本合成橡胶厂的照片。这座所谓的"布纳"厂以及奥斯维辛集中营本部的部分地区在照片上很清晰，但"白桦林"的毒气室没有

奥斯维辛集中营的一名囚犯身上标有身份号码和字母 Z（表示是吉卜赛人）。尽管吉卜赛人在开始阶段被允许与自己的家人居住在一起，但他们中的许多人因饥饿和疾病还是死在了"白桦林"的营地里。

被识别出来。

到那时，已有 50 多万犹太人在奥斯维辛集中营被毒气杀死，而最恶劣的还在后头。在那年的 4 月间，该集中营开始疯狂地准备接受从匈牙利运来的犹太人，匈牙利是德国占领区中最后一个驱逐犹太人的国家。受奴役的劳工们不分昼夜地干活，为被党卫队士兵称作"匈牙利的萨拉米香肠"，为即将到达的约 75 万的犹太人做好准备。劳工们给毒气室重新粉刷了一遍，彻底检修了一下各个焚尸场，新挖了 5 个焚尸坑，以应付预计会大量涌来的尸体，对"白桦林"原来用作毒气室的那两幢旧农舍中的其中一幢进行了翻修。另外，他们还匆匆修建了一段新铁路线，使火车可以通过奥斯维辛车站直接把受害者运到"白桦林"杀人中心。

为了保证工作的顺利进行，赫斯还做了一次重大的人事变动。他任命曾在 1942 年夏季负责监督挖掘尸体焚烧工作的军士长奥托·莫尔担任所有焚尸场的监工。莫尔是个五短三粗、一脸雀斑、一只玻璃假眼的家伙，经常穿着一件白色制服，喜欢吹嘘说，他愿意烧死自己的妻子和 7 岁的孩子，如果元首命令他这样做的话。穆勒后来曾这样写道，莫尔具有"一种病态的癖好，喜欢一些极端残忍或淫秽下流的折磨方式"，比如，他会把活生生的婴儿扔进焚烧坑里，他会用裸体的年轻女人进行打靶练习。

赫斯知道莫尔是一个残忍成性的、效率极高的组织者，他正需要这样一种人来加快处置预计将源源不断运来的匈牙利犹太人。莫尔的表现果真没有让他失望：在新建焚尸场时，他命令劳工们挖出呈斜坡状的排流系统，这样，从燃烧着的尸体上流淌出来的脂肪可以顺着排流管道流下来，收集在预先准备好的锅里；然后，可以把这些脂肪重新浇洒在火上，使火燃得更快。

1944 年春，希特勒把魔爪伸向了他的盟友匈牙利，

4 名缺乏营养的吉卜赛儿童是蒙格尔医生的试验品。图为他们正赤身裸体地站在奥斯维辛集中营党卫队的一架照相机的冷冰冰的镜头前。蒙格尔的其中一大特殊兴趣就是观察饥饿对婴幼儿的影响作用。

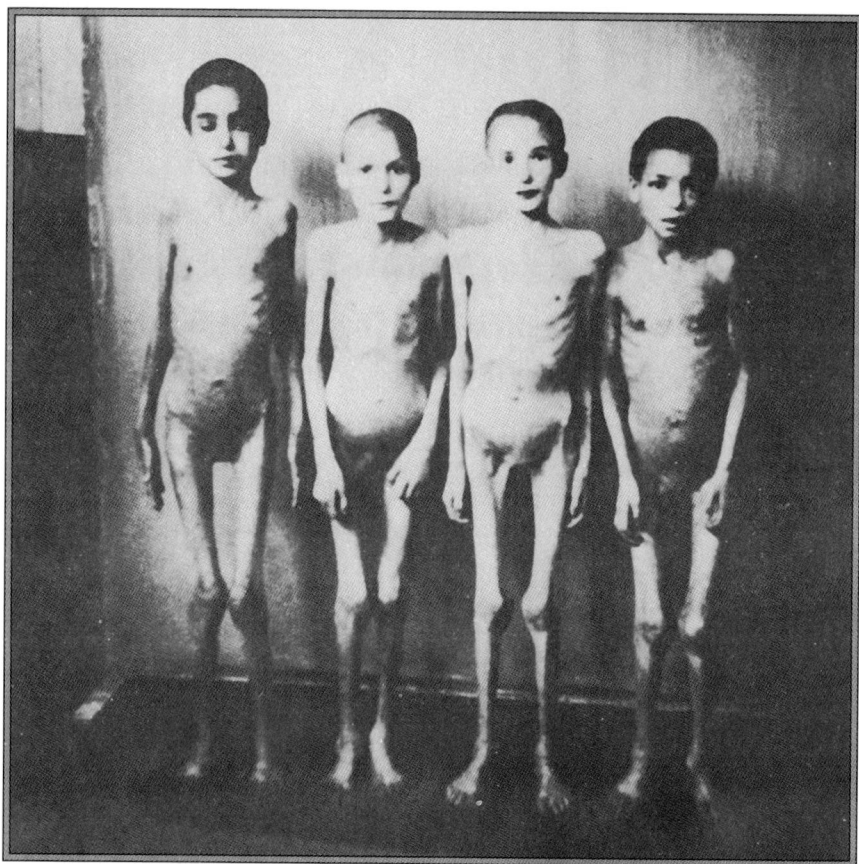

这样便为驱逐匈牙利犹太人打开了通道。匈牙利人在战争初期便加入了轴心国联盟，其部分目的是为了并吞邻国土地。希特勒发现他们是一群不够热心的合作伙伴，他尤其不高兴的是，匈牙利人在处理犹太人这一问题上"不够果断、没有效率"。可以确认的是，匈牙利已制定出种族歧视法律，而且那位 70 多岁的国家元首米克洛斯·霍尔第·德·纳吉班尼亚上将一直自诩为一个终生的反犹太主义者。但是，霍尔第已反复多次拒绝把自己国家的犹太人逐出，这是德国控制的欧洲地区现存最大的犹太人社区。到 1944 年时，他还暗中希望与同盟国实现单独的和平，所以不愿因为迫害犹太人而影响那种和平的可能性，因为非常明显的是，犹太人是匈牙利各种专业和商业生活的支柱。但希特勒另有打算。为了预防匈牙利有可能倒戈，也为了保护德国的南翼，希特勒于 3 月 19 日把部队开进匈牙利，强迫霍尔第组建一个新的、更为顺从的政府。

阿道夫·艾克曼及其手下人员紧随着德国部队的铁蹄，赶到了布达佩斯。他相信会得到匈牙利方面的合作，在把总部设在首都的皇家饭店之后，便着手开始工作。他很自信，因为近 3 年来他所从事的工作就是把犹太人从欧洲各地运送到集中营和死亡营。他把犹太人的高层领袖叫来训话："我是一只猎狗"，命令他们设立一个犹太人委员会，专门负责执行德国人的指示。然后，在匈牙利警察的帮助下，他开始把匈牙利的犹太人集中起来，住在 6 个精心设计的逐放区临时住所和营地里。

　　大规模的驱逐行动于 5 月 15 日开始。尽管这个时候德国军队需要每一个人、每一杆枪集中起来阻挡苏联红军的推进，但连续几周的时间，每天都要发送好几趟火车去匈牙利。一列火车一般要挂上 40 多节封闭的货车车厢，每节车厢要塞进 100 多个犹太人。200 多英里的行程，有时需要走 4 天，但每节车厢里只有一桶饮用水和一个垃圾桶。到了奥斯维辛后，火车开上新铺好的铁轨，径直驶向"白桦林"焚尸场。5 月 21 日那天，那里新修的铁路线上堵塞了不少于 6 列从匈牙利、荷兰和比利时开来的火车，堵塞的队伍差不多一直排到了奥斯维辛火车站。

　　只有极少数来自匈牙利的这些被驱逐者未被送进毒气室而送去了劳动营。埃里·韦塞尔是这一空前大灾难的见证人，当时 14 岁的他是少数幸运者中的一个，他随同父亲被选中前去法尔本橡胶厂劳动。不过，他后来这样写道，当他们被挑选出来站成另外一个队列时，没有人确切知道，哪一个队列是去劳动营，哪一个队列是去死亡营。他回忆说："周围的人都在哭泣。有的人还开始诵读希伯来文死亡祷告词。我不知道，在犹太人的漫长历史中，这样的事以前是否发生过，一个人竟然为自己诵读死亡祷告词。"

　　许多先期到达奥斯维辛集中营的人在进入脱衣间后会得到几张明信片，党卫队士兵命令他们写信回家，说自己已到达一个神秘的营地，这里有工作做，什么都不缺。这些信件寄回到匈牙利后产生了预想的效果。同家人一起住在凯奇凯梅特的默什·桑德堡曾收到过他父亲寄来的这样一张明信片，他后来写道："这些明信片起着安眠药的作用，来得正是时候，可以让我们安静下来了，打消了过去几周的日夜担心，也不再想到要作任何反抗或逃跑了。"

以前从来没有要求这些杀人中心如此快节奏地运转。在仅仅23天的时间里，德国人从匈牙利运走了确切的289357名犹太人，其中大多数被杀死。每天有多达1.2万人走进"白桦林"的毒气室。为了处理遗骸，焚尸场的工作人员增加了4倍，达到将近900人。从烟囱里和露天焚尸坑冒出的浓烟遮天蔽日，一片阴沉。骨灰堆积如山，增加得太快了，卡车来不及如数运走，所以，一些残余物只好重新挖坑，就地埋下。一群希腊籍犹太人一边不停地唱着歌，一边有节奏地双脚踩着骨灰，以磨碎任何凸现的遗骸。

在把捷克的犹太人从特雷森斯塔特聚居区运往奥斯维辛集中营的路途中，有专门的犹太人押送员负责监督运输。这些犹太人押送员除了佩戴黄色的星徽外，还佩戴如图所示的这种臂章。

6月16日，正是屠杀高峰时期，同盟国终于知道了奥斯维辛集中营正在发生的一切。有两组逃跑出来的囚犯，作为见证人写好报告，从被占领的斯洛伐克绕道日内瓦到达了伦敦和华盛顿。鲁道夫·维尔巴和阿尔弗雷德·魏茨勒（两人都是斯洛伐克人）的报告详细讲述了"白桦林"死亡营的毒气杀人过程。阿诺斯特·罗辛（一名斯洛伐克人）和捷斯洛·莫多维兹（一名波兰人）的陈述讲到了匈牙利犹太人的被驱逐和被屠杀情况。这些令人震惊的消息，再加上早先一些见证人对其他死亡集中营的揭露，震撼了英国首相温斯顿·丘吉尔的心，他给一位同僚写信说道："毫无疑问，这极有可能是整个世界历史上曾经犯下过的最大的、最令人发指的罪行。"

猛烈的抗议声指向匈牙利的霍尔第上将。国际红十字会主席、瑞典国王和罗马教皇纷纷写信要求他停止驱逐犹太人。更让他担心不已的是，从窃听的电文得知，英国和美国有可能要轰炸布达佩斯的政府办公机构，并在战后要严惩匈牙利的高层官员。最后，霍尔特行动了。7月9日，在匈牙利的犹太人已有一半多（德国人的统计是437402）被驱逐出去后，他下令停止驱逐犹太人。

与此同时，国际社会的犹太人领袖们敦促英国和美国实施轰炸行动，以阻断匈牙利与奥斯维辛集中营之间的铁路交通，并摧毁"白桦林"的杀人中心。尽管波兰现在已经处于同盟国轰炸机袭击的范围内（可以从新解放的意大利南部基地起飞），但同盟国拒绝采取行动。同盟国指出，如果毒气室遭到轰炸，德国人会寻求其他手段继续进行彻底清除方案。而且，同盟国还认为，把目标瞄准"白桦林"杀人中心只会分散盟军空军的力量。盟军的首要任务是要摧毁支撑纳粹战争机器的战略工业，否则，最后的胜利将被推迟，而只有取得最后的胜利，才会阻止住对犹太人的屠杀。

具有讽刺意味的是，8月20日那天，美国第15空军大队的B-17轰炸机实际上击中了奥斯维辛集中营。他们对位于莫诺维茨的法尔本工厂（就在毒气室东边几英里处）发动了4次攻击。暴风骤雨似的轰炸使3万名犹太奴隶劳工开始有了欢乐和希望，尽管他们现在面临着双重的危险。"我们想有一次看到德国人被杀的经历，"其中一位名叫阿日·哈森伯格的人回忆道，"这样，我们就可以睡得好一些。所以我们喜欢轰炸。"

不到一个月后，即9月13日，哈森伯格的愿望实现了。美国的B-24轰炸机突然袭击了莫诺维茨，摧毁了奥斯维辛集中营本部的一个兵营，党卫队成员死15人、伤28人。还有一些炸弹属于误投，落在了更靠西边的"白桦林"，毁坏了铁路线，但未能击中焚尸场。

由于盟军并不打算轰炸铁路线或"白桦林"毒气中心，于是，在1944年夏季和秋季，在布达佩斯掀起了不同寻常的紧急营救活动。营救活动的参加者有葡萄牙、西班牙、瑞典、土耳其和瑞士等5个中立国家的外交人员，也有罗马教皇的使节和国际红十字会的代表。在奥斯维辛集中营重新开始驱逐行动时，他们尽力保护了留在布达佩斯的近20万犹太人，签发了成千上万份外交保护信函，使这种信函的持有人能够安全地住在为他们准备的几百套特别公寓楼里。

　　一个外国三人小组与布达佩斯的犹太人地下组织并肩努力，在这次史无前例的同情行动中起到了带头作用。一个是瑞士的领事查尔斯·卢兹，这位49岁的职业外交人员不仅帮忙签发了8000多份安全通行证，而且还帮助犹太人地下组织建立了一个印刷厂，印刷了额外几万份通行证。另一位亲善天使是意大利肉类进口商乔吉奥·佩尔拉斯加，他本人也在西班牙驻布达佩斯大使馆里寻求保护（墨索里尼倒台后，意大利人在轴心国也成了怀疑对象）。凭借一本外交护照，他帮助西班牙大使馆签发保护信函，为大约5200名犹太人建立了安全住所。

　　营救活动中的另一位人物是年轻的瑞典人劳乌尔·瓦伦伯格。32岁的瓦伦伯格是一位很有魅力、很有修养的商人，是一家进出口公司的高级主管，他经常与一些著名的银行家、外交家和实业家打交道。他与犹太人的血缘关系非常少：他的曾曾祖父是一名德国犹太人，为了躲避家乡的反犹太主义，他在斯德哥尔摩找到了庇护所。瓦伦伯格在布达佩斯的表面身份是瑞典公使馆的一名随员，但他在这里主要受命于"战时难民委员会"的指令，该委员会是美国政府为帮助犹太受害者新成立的一个机构。

　　瓦伦伯格是在7月9日抵达布达佩斯的，那天，匈牙利犹太人被驱逐到奥斯维辛集中营的行动中止了。

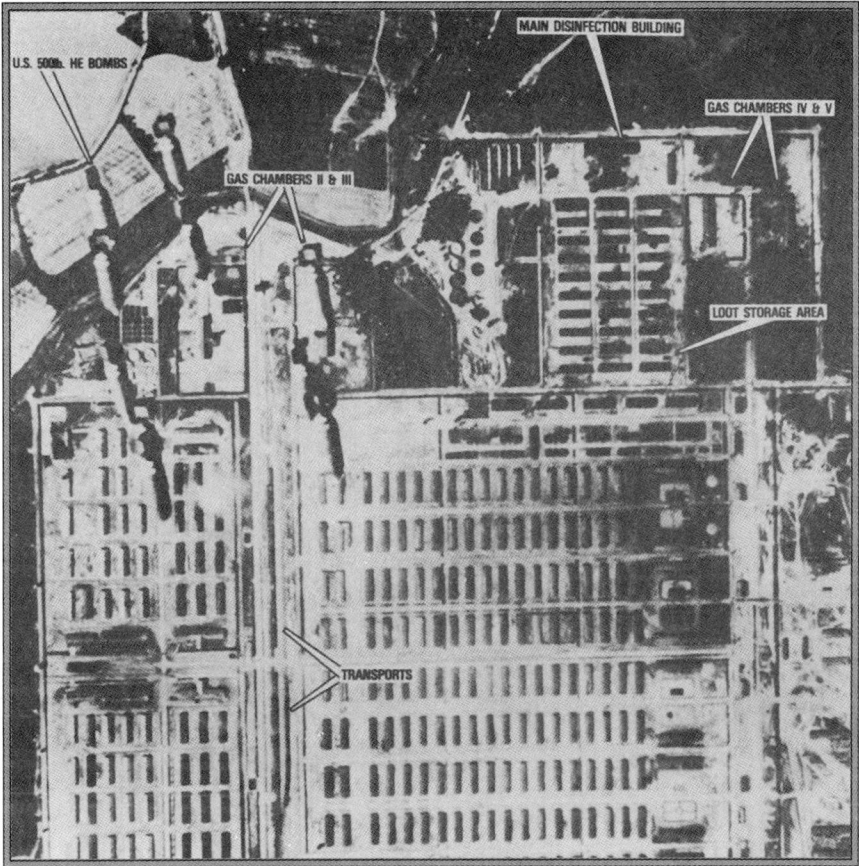

GAS CHAMBERS II & III

MAIN DISINFECTION BUILDING

U.S. 500lb. HE BOMBS

GAS CHAMBERS IV & V

LOOT STORAGE AREA

TRANSPORTS

1944年9月13日，盟军飞机拍摄的这张照片显示了八枚投错方向的炸弹落在了"白桦林"一带。这些炸弹毁坏了铁路，但未能击中焚尸场。盟军的用意是要打击附近的法尔本工厂，但不敢确定"白桦林"一带的建筑物是干什么用的。

他很快开始着手给犹太人签发安全通行证，不久，就发行了大约 1 万份瑞典证件。像瑞士、西班牙和其他使馆签发的证件一样，瓦伦伯格签发的证件按照国际法来说也没有真正的地位或先例。但是，瓦伦伯格非常机智，他通过哄骗和贿赂骗取了匈牙利官员的信任，使政府正式承认并尊重他签发的这些证件。

瓦伦伯格及其同事们的工作在 1944 年秋季开展得

如火如荼。10 月中旬，德国人策划推翻霍尔第上将的政府，因为他试图与苏联单独达成和平（当时苏联的军队已经进入匈牙利边境以内）。党卫队扶持匈牙利的法西斯主义极端组织"十字箭"上台执政，并召回阿道夫·艾克曼重新恢复驱逐行动。瓦伦伯格同将近 400 名匈牙利犹太人一道，夜以继日地工作，建立了一个儿童之家和几处施粥所。11 月，他通过谈判呼吁建立一个"国际聚居区"，以便成千上万的犹太人能够在中立国家使馆的保护下生活。他跑到火车站，从开往奥斯维辛集中营的火车上营救出持有瑞典护照的犹太人。让德国人和匈牙利警察惊愕不已的是，他甚至会爬到车顶上，把证件发给那些手中还没有证件的人。由于缺乏火车车皮，艾克曼有时会叫成千上万的犹太人步行向西，前往奥地利的奴隶劳动营，这时候，瓦伦伯格以及那位瑞士外交官查尔斯·卢兹竟会跟随步行队伍一路驾着车，大胆地从队列中拉出几百名持有保护证件的人。

在布达佩斯，已有大约 10 万名犹太人住进了中立国家提供的安全居所里。他们以及该市其他近 2.5 万名犹太人有时候也会遭到那些戴着袖章、挥着棍棒的"十字箭"成员的无端袭击，但是，他们的确获得了安全，不用去奥斯维辛集中营，不用踏上死亡征途，这种安全一直延续到 1945 年 1 月苏联人解放布达佩斯。他们的救世主－瓦伦伯格有着神秘的结局，他因从事间谍活动被俄罗斯人逮捕，至此之后便消失了。战争结束 10

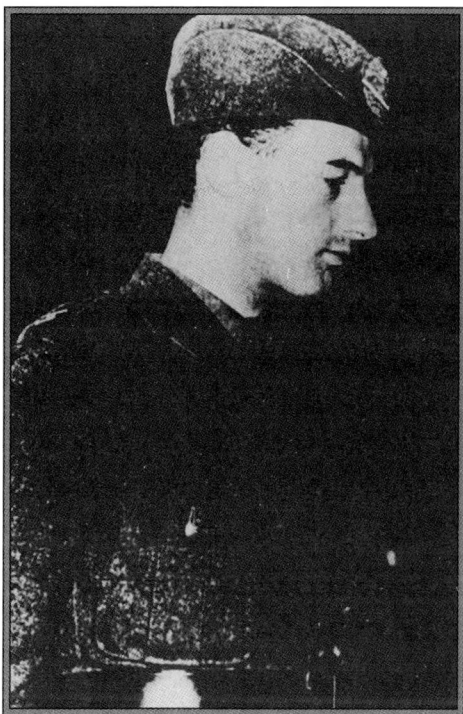

瑞典大使馆随员拉乌尔·瓦伦伯格通过签发起保护作用的护照和建立安全区住所拯救了布达佩斯几万名犹太人的生命。他的人道主义工作使阿道夫·艾克曼大为恼火，艾克曼曾威胁说："我要杀死这个犹太走狗瓦伦伯格。"

年后，俄罗斯人称他于 1947 在苏联监狱去世。

1944 年 7 月，从匈牙利到奥斯维辛集中营的驱逐行动中止了，这使杀人中心的囚犯工人们陷入了一场危机。这些焚尸场工人再明白不过了，他们的生命是指日可数的，一旦不再有火车运来，他们的作用——无疑还有他们的生命——也将中止。这些工人（几乎都是犹太人）即使在最好的日子里，过的也是痛苦和绝望的生活。当然，他们可以通过没收——或者按集中营的行话说是"组织"——那些送进毒气室的受害者的东西来给自己提供充足的食品、香烟和贵重物品。他们也可以与"白桦林"附近一带的工人进行物物交换的生意，受害者的物品在送往德国之前要先在"白桦林"杀人中心进行分类和储存。

然而同时，由于焚尸场的工作太惨无人性了，一些囚犯宁愿被送往毒气室，也不愿干这差使。现在，死亡摆在了大家面前。菲利普·穆勒写道："理所当然的是，这些每日施行大屠杀的作恶分子不愿意任何一个见证人继续活下去，以便面日后指控他们。"

穆勒及其他人意识到，只有来一次集体逃跑才能够自我保命，于是，在1944年春季和夏季，当将近40万匈牙利犹太人被送来毒杀时，囚犯工人们制定了详细的起义计划。他们的特殊工作地位使他们能够有条件准备这次起义。他们从集中营破旧飞机仓库的工人那儿弄到一些小型武器。他们叫"联合"军火厂的犹太女工在运送食品时偷出一些炸药。它们的起义计划也包括摧毁焚尸场，这要与遍布整个集中营的地下抵抗运动协同进行。但是，地下抵抗运动的主要领导层都是波兰籍非犹太人，这些抵抗运动的领袖人物们多次推迟预定好的起义日期，尤其在9月初，当苏联红军已从东部向这边挺

1944年夏末，一群赤身裸体的妇女被赶进"白桦林"的毒气室。大卫·苏姆柳斯基是该集中营秘密抵抗组织的一名成员，他用隐藏起来的一架照相机拍下了这张有些模糊的照片，然后设法让人把胶卷悄悄送到克拉科夫，把种族大屠杀的情况传播出去。

　　"白桦林"的囚犯劳工们正把尸体拖到火葬用的柴堆上。鲁道夫·
赫斯解释说，最好还是多使用焚尸炉而少用露天焚烧。他写道："当刮
大风的时候，尸体烧焦的恶臭味会传到好几英里之外，使得附近所有的
居民都在谈论焚烧犹太人的事。"

进、距离奥斯维辛不到 100 英里时，他们越来越倾向于坐等着解放的到来。

然而，到秋初时节，焚尸场内部的紧张感已达到了爆发点。由于停止了从匈牙利继续运送犹太人，军士长莫尔和党卫队监督人员决定减少总共有 863 人的囚犯劳工队。在 9 月份的最后一周，他们选出 200 人送进了毒气室。大约一周后，又有约 300 名工人的名字——所剩下的囚犯劳工中的将近一半——被列上了新的挑选名单，准备转运到另一个集中营。那些上了名单的人（主要是希腊籍和匈牙利籍犹太人）不顾集中营地下抵抗组织以及焚尸场同胞们的反对，决定立即采取行动，把起义的日子定在一周之后。

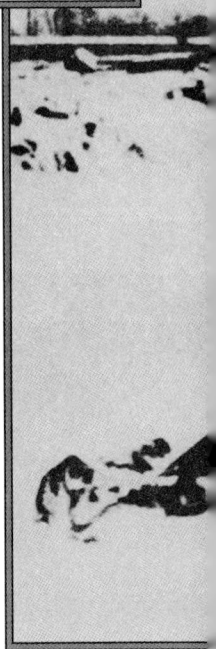

随着苏联军队的步步挺进, 党卫队部队开始撤退, 但在撤走之前, 他们烧毁了储藏室 (左图), 里面储藏的都是从囚犯们那儿掠夺来的贵重物品。他们还强迫大约 58000 名囚犯进行了一次遣送德国的死亡之行。那些瘫倒在路上的人, 包括这些躺在奥斯维辛铁路沿线的遇难者 (下图), 被就地枪决。

奥斯维辛集中营的孩子们正在向苏联红军的摄影者展示手臂上的印记。当苏联人于1945年1月解放这个集中营时，他们发现在幸存者中有大约200名6～14岁的孩子。

起义于10月7日中午时分在4号焚尸场外面的院子里爆发。党卫队士兵正在进行集合点名，挑选了所需要的囚犯，这时，那些被挑选出来的囚犯们突然连续性地投掷石头。躲在焚尸场里面的其他工人把浸满油和酒精的破布条及木块点燃火，顿时，整个建筑物冒出了火焰。好几卡车头戴钢盔的党卫队士兵冲过来包围了院子，开始射击。但是，集中营里的警报声和熊熊火焰惊动了另外两个焚尸场的工人们。他们拿起事先藏好的炸药和武器，迅速剪断了"白桦林"四周的内一圈铁丝网。跑掉的没几个人；大约450名囚犯在这次起义中死去——差不多是德国人那天打算用毒气杀死的人数的一半。另外，德国人后来还绞死了4名曾帮助提供炸药的工厂女工。然而，有3名党卫队士兵被杀，有一座焚尸场被毁，还创造了一部有男人也有女人的传奇神话，正如菲利普·穆勒所写的，"这是奥斯维辛集中营的历史上一件独一无二的大事。"

尽管从匈牙利停止了火车运送，但来自其他地方的运送并没有停止，屠杀还在剩余的焚尸场继续进行。在整个 10 月份，犹太人以每天 1000 人的速率死去。10 月 30 日，从所谓的模范聚居区特雷森斯塔特运来了最后一火车犹太人；在当天及接下来的那一天，有 1689 人送进了毒气室。然后，在 1944 年 11 月 2 日那天，即奥斯维辛集中营首次毒气实验后 3 年多的日子，海因里希·希姆莱下达了一则命令："我禁止再屠杀任何犹太人。"在他的另外几则命令发布后，除一个焚尸场外，

奥斯维辛集中营解放后，已成骸骨的尸体等着掩埋。俄罗斯人发现了几千名死者和大约 2800 名身患重病的幸存者，其中许多人在获得自由后几天内就死去了，因为他们已经忍受了几年的折磨和囚禁生活。

其余的全部拆除，焚烧坑填埋起来，种上了草，毒气管道及其他设备运回德国的集中营。那个唯一剩下的焚尸场用来处置那些自然死亡的人和大约 200 名仍然活着的囚犯劳工。

彻底解决方案正式结束了。尽管仍然有上万的犹太人及其他人还在不为人知的情况下残忍地死去，但有系统的大规模屠杀活动已经结束。希姆莱为什么做出这一决定尚不清楚。一种可能的原因是，纳粹德国太需要劳动力了，哪怕犹太人也行。然而，有证据表明，希姆莱预见到了等待着第三帝国的大灾难，所以，为了想方设法保全自己的性命，他编造了一套他称之为"宽大怜悯"的档案记录。事实上，他的有关停止屠杀的命令还包含了一层迎合讨好的意思，比如说，"要对体弱多病者给予适当的照顾。"

在不到 3 个月之后，即 1945 年 1 月 17 日，奥斯维辛集中营进行了最后一次集合点名。德国人统计的结果是，在总部集中营以及各卫星集中营总共还有 67012 名囚犯，这比上一年 8 月份最高峰时的 15.5 万人少了一半多。很多人已经往西被送到德国的集中营，而更多的人已经死去。现在，随着苏联红军的隆隆炮声的日益接近，德国人命令迁走所有的囚犯，只留下大约 6000 名身体太虚弱而走不动的人。

约 5.8 万人开始踏上了痛苦的西迁之路。连那些被强行推上火车的人都缺乏生活必需品。好几百人死于饥饿或没有任何暖气的寒冷车厢里。还有许多人不得不在冰天雪地中一路步行到德国。由于破旧的衣衫、裸露的双脚（有些人可能有一双木拖鞋）以及少得可怜的那么一点点食物，好几千人倒在了路边，再也爬不起来，结果被党卫队士兵开枪打死。有一支步行者队伍花了16周多的时间，出发时有3000人，最终只有280人活了下来。耶胡达·巴肯谈及自己与一群孤儿同行的经历，那些孤儿说："我们的父母在毒气室里被杀，还算是幸事。他们不必忍受我们现在的这一切折磨和痛苦。"

那些被留在奥斯维辛集中营的人也受苦不已。由于没有食品、水或热气，由于多病和绝望，他们每天都要死掉几百人。党卫队士兵中不断地有人在消失，直到最后，集中营里就只剩下囚犯们自己了。1月27日，俄罗斯人到达了。"那是一个美丽的、阳光灿烂的冬日，"一名幸存者在日记里这样写道，"大约下午3点，我们听到大门口的方向有人的声音，我们急忙跑过去。是苏联的一支前锋巡逻队——戴白帽子的苏联红军！顿时，人们发狂似的冲过去握手，口中大声叫喊着感激。我们解放啦！"

到这个时候，奥斯维辛集中营里还有2800人活着。苏联红军给这些幸存者发放食物，照料病人，埋葬死者。成千上万的人在这之前死在了奥斯维辛集中营，但这一次大规模的埋葬活动，照一名囚犯的说法，是在这里举行的"第一次庄重的葬礼"。

苏联红军通过对集中营的搜查，发现了其他一些有关种族大屠杀神秘传闻的证据：在储藏室里，党卫队未能来得及处理掉的东西有 836255 件女人的大衣和裙子，368820 件男式套装和重达 7 吨的人的头发。不久，随着盟军的挺进，在其他几十处已解放的纳粹集中营里发现了又一些证据——枯萎的尸体、骨头碎片。骨灰和衣服等。这一切滔天罪行使希姆莱无法掩盖住纳粹那套彻底解决方案的秘密。不久，全世界将不得不面对这一让人几乎难以理解的事实："大屠杀"夺去了 1500 万无辜者的生命。

奥斯维辛集中营解放后不久，俄罗斯军队和波兰平民排着长队，举行了一次集体葬礼。

图书在版编目 (CIP) 数据

杀人机器 / 美国时代生活编辑部编；张显奎译 . ——
修订本 . —— 海口：海南出版社，2015.1（2022.7 重印）
　　（第三帝国）
　　书名原文：The third reich:The apparatus of
death
　　ISBN 978-7-5443-5805-7

　　Ⅰ . ①杀… Ⅱ . ①美… ②张… Ⅲ . ①德意志第三帝
国 – 史料 Ⅳ . ① K516.440.6

　　中国版本图书馆 CIP 数据核字 (2014) 第 271461 号

第三帝国：杀人机器（修订本）

DISAN DIGUO: SHAREN JIQI (XIUDING BEN)

作　　者：美国时代生活编辑部
译　　者：张显奎
选题策划：李继勇
责任编辑：张　雪
责任印制：杨　程
印刷装订：北京兰星球彩色印刷有限公司
读者服务：唐雪飞
出版发行：海南出版社
总社地址：海口市金盘开发区建设三横路 2 号
邮　　编：570216
北京地址：北京市朝阳区黄厂路 3 号院 7 号楼 102 室
电　　话：0898-66812392　010-87336670
电子邮箱：hnbook@263.net
经　　销：全国新华书店经销
版　　次：2015 年 1 月第 1 版
印　　次：2022 年 7 月第 2 次印刷
开　　本：787 mm×1092 mm　　1/16
印　　张：15.25
字　　数：180 千
书　　号：ISBN 978-7-5443-5805-7
定　　价：45.00 元

【版权所有，请勿翻印、转载，违者必究】

如有缺页、破损、倒装等印装质量问题，请寄回本社更换。